T0107964

LA TRANSCENDANCE DE L'EGO

DU MÊME AUTEUR
À LA MÊME LIBRAIRIE

La transcendance de l'ego et autres textes phénoménologiques.
Textes introduits et annotés par V. de Coorebyter, « Textes &
Commentaires », 2003, 220 p.

BIBLIOTHÈQUE DES TEXTES PHILOSOPHIQUES

Jean-Paul SARTRE

LA TRANSCENDANCE DE L'EGO

ESQUISSE
D'UNE DESCRIPTION PHÉNOMÉNOLOGIQUE

Introduction, notes et appendices
par
Sylvie LE BON

PARIS
LIBRAIRIE PHILOSOPHIQUE J. VRIN
6, Place de la Sorbonne, V^e

© *Librairie Philosophique J. VRIN,* 1965, 2003
ISSN 0249-7972
ISBN 978-2-7116-0676-4
Imprimé en France

http://www.vrin.fr

INTRODUCTION

L'*Essai sur la transcendance de l'Ego* [1] est la toute première œuvre de Sartre. Les deux seules publications qui la précédèrent, en effet, ne peuvent pas être considérées comme des recherches philosophiques à proprement parler. L'une est un article sur la théorie réaliste du droit chez Duguit, paru en 1927 ; l'autre, *La légende de la vérité* [2], où Sartre livrait ses idées sous la forme d'un conte, parut en 1931 dans la revue *Bifur*.

Avec cet Essai, Sartre inaugure donc le travail d'exploration qui aboutira à *L'Être et le Néant*. La chronologie confirme d'ailleurs l'incontestable unité de ses préoccupations philosophiques de cette époque : on peut dire que toutes ses œuvres d'alors ont été, sinon rédigées, du moins conçues, en même temps. *L'Essai sur la transcendance de l'Ego* fut écrit en 1934, en partie pendant le séjour que fit Sartre à Berlin afin d'étudier la phénoménologie de Husserl. En 1935-1936, il écrivit à la fois *L'Imagination* et *L'Imaginaire* (publiés respectivement en 1936 et 1940), puis en 1937-1938, *La Psyché*, dont il avait déjà l'idée en 1934. De *La Psyché* il sépara ce qui devient l'*Esquisse d'une théorie phénoménologique des émotions*,

---

1. Publié pour la première fois dans les *Recherches philosophiques* de 1936 et jamais réédité.
2. Voir Simone DE BEAUVOIR, *La force de l'âge*, Gallimard, 1960, p. 49.

et qui fut publié en 1939. Rappelons enfin que *L'Être et le Néant* prit immédiatement la suite, et parut en 1943. Dans ce dernier ouvrage, il retenait explicitement ses conclusions de l'*Essai sur la transcendance de l'Ego*[3], en complétant et approfondissant toutefois la réfutation du solipsisme, jugée insuffisante.

Sartre ne renierait cet essai de jeunesse que sur un seul point, lequel s'y trouve d'ailleurs fort peu développé : il s'agit de ce qui touche à la psychanalyse. Il a totalement révisé son ancienne conception — son refus — de l'inconscient et de la compréhension psychanalytique, et ne défendrait plus ses préventions passées en ce domaine.

Mais la théorie de la structure de la conscience elle-même, ainsi que l'idée fondamentale de l'Ego comme objet psychique transcendant, sont toujours les siennes.

La meilleure présentation de ce dense, quoique court essai a été faite par Simone de Beauvoir, et le mieux est de la reproduire ici. L'*Essai sur la transcendance de l'Ego*, écrit-elle[4], « décrivait, dans une perspective husserlienne, mais en opposition avec certaines des plus récentes théories d'Husserl, le rapport du Moi avec la conscience ; entre la *conscience* et le *psychique* il établissait une distinction qu'il devait toujours maintenir ; alors que la conscience est une immédiate et évidente présence à soi, le psychique est un ensemble d'objets qui ne se saisissent que par une opération réflexive et qui, comme les objets de la perception, ne se donnent que par profils : la haine par exemple est un transcendant, qu'on appréhende à travers des *Erlebnisse* et dont l'existence est seulement probable. Mon Ego est lui-même un être du monde, tout comme l'Ego d'autrui. Ainsi, Sartre fondait-il une de ses croyances les plus anciennes et les plus têtues : il y a une autonomie de la conscience

---

3. Voir *L'Être et le Néant*, p. 147 et p. 209.
4. Simone DE BEAUVOIR, *La force de l'âge*, pp. 189-190.

irréfléchie ; le rapport au moi qui, selon La Roche-foucauld et la tradition psychologique française, per-vertirait nos mouvements les plus spontanés, n'appa-raît qu'en certaines circonstances particulières. Ce qui lui importait davantage encore, c'est que cette théorie, et elle seule, estimait-il, permettait d'échapper au solipsisme, le psychique, l'Ego, existant pour autrui et pour moi de la même manière objective. En abolissant le solipsisme, on évitait les pièges de l'idéalisme, et Sartre dans sa conclusion insistait sur la portée pratique (morale et politique) de sa thèse ».

LA TRANSCENDANCE DE L'EGO

Esquisse d'une description
phénoménologique

En bas de page, les notes appelées par une lettre sont celles de l'auteur dans l'article de 1936 ; celles de Mlle Sylvie Le Bon sont appelées par un chiffre.

Pour la plupart des philosophes l'Ego est un « habitant » de la conscience. Certains affirment sa présence formelle au sein des « Erlebnisse », comme un principe vide d'unification. D'autres — psychologues pour la plupart — pensent découvrir sa présence matérielle, comme centre des désirs et des actes, dans chaque moment de notre vie psychique. Nous voudrions montrer ici que l'Ego n'est ni formellement ni matériellement *dans* la conscience : il est dehors, *dans le monde* ; c'est un être du monde, comme l'Ego d'autrui.

I

LE JE ET LE MOI

A) Théorie de la présence formelle du *JE*

Il faut accorder à Kant que « le Je Pense *doit pouvoir* accompagner toutes nos représentations » [1]. Mais faut-il en conclure qu'un Je, *en fait*, habite tous nos états de conscience et opère

---

1. *Critique de la Raison pure*, seconde éd., Analytique transcendantale, L. 1, ch. 2, 2ᵉ section, § 16 : « De l'unité originairement synthétique de l'aperception ». Cf. également § 17-18. (Traduction Tremesaygues-Pacaud, pp. 110-118).

réellement la synthèse suprême de notre expérience ? Il semble que ce serait forcer la pensée
kantienne. Le problème de la critique étant un
problème de droit, Kant n'affirme rien sur l'existence de fait du *Je Pense*. Il semble au contraire
qu'il ait parfaitement vu qu'il y avait des moments
de conscience sans « Je » puisqu'il dit : « *doit
pouvoir* accompagner ». Il s'agit en effet de déterminer les conditions de possibilité de l'expérience.
Une de ces conditions, c'est que je puisse toujours
considérer ma perception ou ma pensée comme
mienne : voilà tout. Mais il est une tendance dan-
gereuse de la philosophie contemporaine — dont
on trouverait les traces dans le néo-kantisme,
l'empirio-criticisme et un intellectualisme comme
celui de Brochard — qui consiste à *réaliser* les
conditions de possibilité déterminées par la critique[2]. C'est une tendance qui amène certains
auteurs, par exemple, à se demander ce que peut
être la « conscience transcendantale ». Si l'on se
pose la question en ces termes, on est contraint
naturellement de concevoir cette conscience —
qui constitue notre conscience empirique —
comme un inconscient. Mais Boutroux, dans ses
leçons sur la philosophie de Kant[3] faisait déjà

2. Le néo-kantisme est représenté par Lachelier et Brunschvicg ;
l'empirio-criticisme par Mach ; quant à Victor Brochard (1848-1907),
il n'était pas seulement historien de la philosophie antique : il était
l'auteur d'une thèse : *De l'Erreur* (1879) et de divers articles de
philosophie où de morale recueillis à la fin de l'ouvrage : *Etudes
de philosophie ancienne et de philosophie moderne* (Vrin, 1954).
3. Boutroux : *La philosophie de Kant*, cours professé à la Sorbonne en 1896-1897 ; Paris, Vrin, 1926.

justice de ces interprétations. Kant ne s'est jamais préoccupé de la façon dont se constitue *en fait* la conscience empirique, il ne l'a point déduite, à la manière d'un procès néo-platonicien, d'une conscience supérieure, d'une hyperconscience constituante. La conscience transcendantale est seulement pour lui l'ensemble des conditions nécessaires à l'existence d'une conscience empirique. En conséquence, *réaliser* le Je transcendantal, en faire le compagnon inséparable de chacune de nos « consciences, [a] » c'est juger sur *le fait* et non sur le droit, c'est se placer à un point de vue radicalement différent de celui de Kant. Et si pourtant l'on prétend s'autoriser des considérations kantiennes sur l'unité nécessaire à l'expérience, on commet la même erreur que ceux qui font de la conscience transcendantale un inconscient préempirique.

Si donc on accorde à Kant la question de *droit*, la question de fait n'est pas tranchée pour autant. Il convient donc de la poser ici nettement : le Je Pense doit pouvoir accompagner toutes nos représentations, mais les accompagne-t-il en fait ? Supposons en outre qu'une certaine représentation A passe d'un certain état où le Je Pense ne l'accompagne pas à un état où le Je Pense l'accompagne, s'ensuivra-t-il pour elle une modification de struc-

---

a. J'emploierai ici le terme de « conscience » pour traduire le mot allemand « Bewusstsein » qui signifie à la fois la conscience totale, la monade, et chaque moment de cette conscience. L'expression « état de conscience » me paraît inexacte à cause de la passivité qu'elle introduit dans la conscience.

ture ou bien demeurera-t-elle inchangée en son
fond ? Cette seconde question nous conduit à en
poser une troisième : le Je Pense doit pouvoir
accompagner toutes nos représentations ; mais
faut-il entendre par là que l'unité de nos représentations est, directement ou indirectement, réalisée
par le Je Pense — ou bien doit-on comprendre que
les représentations d'une conscience doivent être
unies et articulées de telle sorte qu'un « Je Pense »
de constatation soit toujours possible à leur propos ? Cette troisième question semble se poser sur
le terrain du droit et abandonner, sur ce terrain,
l'orthodoxie kantienne. Mais il s'agit en réalité
d'une question de fait qui peut se formuler ainsi :
le Je que nous rencontrons dans notre conscience
est-il rendu possible par l'unité synthétique de nos
représentations, ou bien est-ce lui qui unifie en
fait les représentations entre elles ?

Si nous abandonnons toutes les interprétations
plus ou moins forcées que les post-kantiens ont
donné du « Je pense », et que cependant nous vou-
lions résoudre le problème de l'existence *de fait*
du Je dans la conscience, nous rencontrons sur
notre route la phénoménologie de Husserl [4]. La
phénoménologie est une étude scientifique et non

4. Dans *L'Imagination* (P.U.F., 1936), Sartre, à propos du problème
singulier de l'image, dégage les traits généraux de la révolution
philosophique que fut l'apparition de la phénoménologie. Comme
ici, il insiste sur la fécondité d'une méthode qui se veut descriptive, même si les « faits » que lui livre l'intuition sont des essences.
« La phénoménologie est une *description* des structures de la
conscience transcendantale fondée sur l'intuition des essences de
ces structures », ch. IV : « Husserl », p. 140.

critique de la conscience [5]. Son procédé essentiel est l'intuition. L'intuition, d'après Husserl, nous met en présence de *la chose* [6]. Il faut donc entendre que la phénoménologie est une science de *fait* et que les problèmes qu'elle pose sont des problèmes *de fait* [b], comme, d'ailleurs, on peut encore le comprendre en considérant que Husserl la nomme une science *descriptive* [7]. Les problèmes des rapports du Je à la conscience sont donc des problè-

b. HUSSERL dirait : une science d'essences. Mais pour le point de vue où nous nous plaçons cela revient au même.

5. Husserl développe ce projet dans *La philosophie comme science rigoureuse* (1911).

6. « Dans les actes d'intuition immédiate, nous avons l'intuition de la « chose en elle-même », *Idées directrices pour une phénoménologie* (que nous désignerons par *Ideen I*), § 43 (Trad. RICŒUR, p. 139).

Husserl dit aussi que la chose nous est donnée « en chair et en os », ou encore « originairement », « en original ».

7. « Science de fait » et « science d'essences » — ou encore « science eidétique », ces expressions reviennent *ici* au même. En effet, Sartre ne se réfère pas pour le moment à l'opposition — ailleurs essentielle — entre fait empirique et essence, mais à celle, plus globale, entre problèmes de fait et problèmes de droit. Or, fait et essence apparaissent en bloc comme du *donné*, et l'essentiel (ici) est précisément que la phénoménologie soit la science d'un donné (matériel ou idéal, peu importe encore), face à la perspective kantienne qui pose la question de pur *droit*. C'est parce qu'elle vise un donné, un ensemble de faits, que la phénoménologie est une science *descriptive*. Par ailleurs, s'il est vrai que Husserl a voulu fonder une « science d'essences » ou « eidétique », il faut considérer surtout ici que ces essences sont livrées avec certitude, dans une vue immédiate, exactement comme le seraient des objets. De ce point de vue, elles sont des faits (idéaux).

« L'essence *Eidos* est un objet d'un nouveau type. De même que dans l'intuition de l'individu ou intuition empirique, le donné est un objet individuel, de même le donné de l'intuition eidétique est une essence pure. (...) L'intuition des essences *Wesens-Schauung* elle aussi est une intuition, et l'objet eidétique lui aussi un objet », *Ideen I*, 1re section, ch. 1 : « Fait et essence », § 3. (Trad. RICŒUR, p. 21).

mes existentiels. La conscience transcendantale de
Kant, Husserl la retrouve et la saisit par l' ἐποχή [8].
Mais cette conscience n'est plus un ensemble de
conditions logiques, c'est un fait absolu. Ce n'est
pas non plus une hypostase du droit, un inconscient flottant entre le réel et l'idéal. C'est une
conscience réelle accessible à chacun de nous dès
qu'il a opéré la « réduction ». Reste que c'est bien
elle qui constitue notre conscience empirique,
cette conscience « dans le monde », cette conscience avec un « moi » psychique et psychophysique. Nous croyons volontiers pour notre part à
l'existence d'une conscience constituante. Nous
suivons Husserl dans chacune des admirables des-
criptions [9] où il montre la conscience transcendantale constituant le monde en s'emprisonnant
dans la conscience empirique ; nous sommes per-
suadés comme lui que notre moi psychique et
psycho-physique est un objet transcendant qui doit
tomber sous le coup de l' ἐποχή [10]. Mais nous nous
posons la question suivante : ce moi psychique et

8. L' ἐποχή, la réduction phénoménologique, est la mise entre
parenthèses de l'attitude naturelle, toujours empreinte d'un réalisme spontané ; Sartre désigne aussi, après Husserl, cette conscience naturelle par l'expression « conscience intramondaine ». Sur
la ou les réductions, voir *Ideen I*, ch. IV de la 2ᵉ section, § 56 à 62.
(Trad. Ricœur, pp. 187 à 208) ; et les *Méditations cartésiennes*, § 8.
(Trad. Levinas, pp. 17-18).

9. Celles des *Ideen I* principalement.

10. « Pour moi, sujet méditant, placé et persistant dans l'ἐποχή,
et me posant ainsi comme source exclusive de toutes les affirmations
et de toutes les justifications objectives, il n'est donc ni moi psychologique ni phénomènes psychiques au sens de la psychologie,
c'est-à-dire compris comme des éléments réels d'êtres humains
(psychophysiques) », *Méditations cart.* § 11. (Trad., p. 22).

Cf. Texte cité, appendice n° 1.

psycho-physique n'est-il pas suffisant ? Faut-il le doubler d'un Je transcendantal, structure de la conscience absolue ? [11] On voit les conséquences de la réponse. Si elle est négative il en résulte :

1° que le champ transcendantal devient impersonnel, ou, si l'on préfère, « prépersonnel », il est *sans Je* ;

2° que le Je n'apparaît qu'au niveau de l'humanité et n'est qu'une face du Moi, la face active [12] ;

3° que le Je Pense peut accompagner nos représentations parce qu'il paraît sur un fond d'unité qu'il n'a pas contribué à créer et que c'est cette unité préalable qui le rend possible au contraire ;

4° qu'il sera loisible de se demander si la personnalité (même la personnalité abstraite d'un Je) est un accompagnement nécessaire d'une conscience et si l'on ne peut concevoir des consciences absolument impersonnelles [13].

11. Le problème se trouve posé chez Husserl par le § 11 des *Méditations cartésiennes* déjà cité, et intitulé « Le moi psychologique et le moi transcendantal ». En effet, au passage cité à la note 10, Husserl ajoute immédiatement : « Par l' ἐποχή phénoménologique, je réduis mon moi humain naturel et ma vie psychique — domaine de mon expérience psychologique, interne — à mon moi transcendantal et phénoménologique, domaine de l'expérience interne transcendantale et phénoménologique ». Or, de ce moi transcendantal, il affirme qu'on ne peut jamais le réduire.

12. Sartre désigne par le concept de « Je » la personnalité dans son aspect actif ; par « moi », il entend la totalité concrète psychophysique de la même personnalité. Il est bien entendu que le Je et le Moi ne font qu'un, ils constituent l'*Ego*, dont ils ne sont que les deux faces. Cf. note 52.

Le statut de l'Ego, ici discuté, est acquis dans *L'Être et le Néant*, pp. 209 sqq.

Cf. Texte cité, appendice n° 2.

13. Les conséquences énumérées constituent le fond de la thèse que Sartre va défendre, en opposition avec les derniers travaux de Husserl.

Or, Husserl a répondu à la question. Après avoir considéré que le Moi était une production synthétique et transcendante de la conscience (dans les *L. U.*) [14], il est revenu, dans les *Ideen* [15], à la thèse classique d'un Je transcendantal qui serait comme en arrière de chaque conscience, qui serait une structure nécessaire de ces consciences, dont les rayons (Ichstrahl) tomberaient sur chaque phénomène qui se présenterait dans le champ de l'attention. Ainsi la conscience transcendantale devient rigoureusement personnelle. Cette conception était-elle nécessaire ? Est-elle compatible avec la définition que Husserl donne de la concience ?

On croit ordinairement que l'existence d'un Je transcendantal se justifie par le besoin d'unité et d'individualité de la conscience. C'est parce que toutes mes perceptions et toutes mes pensées se rapportent à ce foyer permanent que ma conscience est unifiée ; c'est parce que je peux dire *ma* conscience et que Pierre et Paul peuvent aussi parler de *leur* conscience, que ces consciences se dis-

14. *Recherches logiques*, Tome II, 2ᵉ partie, V, § 8 : « Le moi pur et l'avoir conscience » (Trad., p. 159 sqq.). L'évolution de Husserl se sent à l'intérieur des *Recherches logiques* elles-mêmes. En effet, Husserl écrit : « D'ailleurs je dois reconnaître, à vrai dire, que je ne puis absolument pas arriver à découvrir ce moi primitif, en tant que centre de référence nécessaire ». A quoi il a (malheureusement) ajouté dans la deuxième édition, de 1913, la note suivante : « Depuis lors, j'ai appris à le trouver, ou plutôt appris qu'il ne fallait pas se laisser retenir, dans l'appréhension pure du donné, par la crainte de tomber dans les excès de la métaphysique du moi ».

15. Cf. *Ideen I*, § 80, pour l'image du rayon, et surtout § 57 : « Le Moi pur est-il mis hors circuit ? » (Trad., p. 188). Voir aussi la 4ᵉ *Méditation cartésienne*, relative aux problèmes constitutifs de l'ego transcendantal.

Cf. Textes cités, appendices nᵒˢ 3 et 4.

tinguent entre elles. Le Je est producteur d'intériorité. Or, il est certain que la phénoménologie n'a pas besoin de recourir à ce Je unificateur et individualisant. En effet, la conscience se définit par l'intentionnalité [16]. Par l'intentionnalité elle se transcende elle-même, elle s'unifie en s'échappant [17]. L'unité des mille consciences actives par lesquelles j'ai ajouté, j'ajoute et j'ajouterai deux à deux pour faire quatre, c'est l'objet transcendant « deux et deux font quatre ». Sans la permanence de cette vérité éternelle il serait impossible de concevoir une unité réelle et il y aurait autant de fois d'opérations irréductibles que de consciences

16. Pour Sartre, l'hypothèse d'un Je transcendantal comme foyer personnel unificateur et fondateur de toute conscience est superflue. Il y a seulement pour lui un champ transcendantal pré-personnel ou impersonnel. *Transcendant* et *transcendantal* ne sont pas pris par lui au sens kantien, mais plutôt dans le sens husserlien, tel qu'il est défini par exemple par le § 11 des *Méditations cartésiennes*. Est transcendantal le champ que constituent les consciences originaires donatrices des sens. Il faut remarquer que Sartre délaissera ce terme (trop kantien ?), qu'on ne trouve pour ainsi dire plus dans *L'Être et le Néant*. La conscience y est considérée selon qu'elle est irréfléchie ou réflexive, positionnelle ou non-positionnelle de soi. Il n'y a plus d'Ego ni même de champ transcendantal. Par contre, la *transcendance* de l'Ego demeure une thèse fondamentale. Les notions de transcendance et d'intentionnalité sont en effet corrélatives. « La transcendance est structure constitutive de la conscience » *L'Être et le Néant*, p. 28, c'est-à-dire que d'emblée la conscience s'arrache à elle-même pour se porter vers les objets. C'est ce que signifie l'affirmation fameuse « Toute conscience est conscience de quelque chose ». Corrélativement, sont dits *transcendants* à la conscience le monde et ses objets (physiques, culturels, etc.), en tant qu'ils sont, par définition, *hors* de la conscience, et l'Autre absolu pour elle.
17. Sur l'intentionnalité, voir *Ideen I*, § 84, 3ᵉ section, ch. 2 : « L'intentionnalité comme thème capital de la phénoménologie », (Trad., p. 282) ; ainsi que l'article de Sartre paru dans *Situations I* : « Une idée fondamentale de la phénoménologie de Husserl : l'intentionnalité », pp. 32-35.
Cf. Texté cité, appendice n° 5.

opératoires. Il est possible que ceux qui croient
« 2 et 2 font 4 » le *contenu* de ma représentation
soient obligés de recourir à un principe transcendantal et subjectif d'unification, qui sera alors le
Je. Mais précisément Husserl n'en a pas besoin.
L'objet est transcendant aux consciences qui le
saisissent et c'est en lui que se trouve leur unité.
On dira que pourtant il faut un principe d'unité
dans la durée pour que le flux continuel des consciences soit susceptible de poser des objets transcendants hors de lui. Il faut que les consciences
soient des synthèses perpétuelles des consciences
passées et de la conscience présente. C'est exact.
Mais il est typique que Husserl, qui a étudié dans
La Conscience interne du temps cette unification
subjective des consciences, n'*ait jamais eu recours*
à un pouvoir synthétique du Je. C'est la conscience
qui s'unifie elle-même et concrètement par un jeu
d'intentionnalités « transversales » qui sont des
rétentions concrètes et réelles des consciences
passées. Ainsi la conscience renvoie perpétuellement à elle-même, qui dit « une conscience » dit
toute la conscience et cette propriété singulière
appartient à la conscience elle-même, quels que
soient par ailleurs ses rapports avec le Je [18]. Il
semble que Husserl, dans les *Méditations Cartésiennes*, ait gardé entièrement cette conception de

18. Sur l'auto-constitution du temps phénoménologique, voir les
Leçons sur la conscience interne du temps (1904-1910), § 39 (Trad.
Dussort, p. 105 sqq.), intitulé « La double intentionnalité de la
rétention et la constitution du flux de la conscience », où Husserl
explique que « le flux de la conscience constitue sa propre unité ».

la conscience s'unifiant dans le temps [19]. D'un autre côté l'individualité de la conscience provient évidemment de la nature de la conscience. La conscience ne peut être bornée (comme la substance de Spinoza) [20] que par elle-même. Elle constitue donc une totalité synthétique et individuelle entièrement isolée des autres totalités de même type et le Je ne peut être évidemment qu'une *expression* (et non une condition) de cette incommunicabilité et de cette intériorité des consciences. Nous pouvons donc répondre sans hésiter : la conception phénoménologique de la conscience rend le rôle unifiant et individualisant du Je totalement inutile. C'est la conscience au contraire qui rend possible l'unité et la personnalité de mon Je. Le Je transcendantal n'a donc pas de raison d'être.

Mais, en outre, ce Je superflu est nuisible. S'il existait il arracherait la conscience à elle-même, il la diviserait, il se glisserait dans chaque conscience comme une lame opaque. Le Je transcendantal, c'est la mort de la conscience. En effet, l'existence de la conscience est un absolu parce que la conscience est consciente d'elle-même. C'est-à-dire que le type d'existence de la conscience c'est

---

19. Cf. 4e *Méditation cart.*, § 37 : « Le temps, forme universelle de toute genèse egologique » (Trad. p. 63).

Cf. Texte cité, appendice n° 6.

20. « Par substance, j'entends ce qui est en soi et est conçu par soi, c'est-à-dire ce dont le concept n'a pas besoin du concept d'une autre chose pour être formé », *Éthique*, 1re partie, définition III.

Sartre dit : « La conscience est conscience de part en part. Elle ne saurait donc être limitée que par elle-même », *L'Être et le Néant*, Introduction, p. 22.

d'être conscience de soi [21]. Et elle prend conscience de soi *en tant qu'elle est conscience d'un objet transcendant* [22]. Tout est donc clair et lucide dans la conscience : l'objet est en face d'elle avec son opacité caractéristique, mais elle, elle est purement et simplement conscience d'être conscience de cet objet, c'est la loi de son existence. Il faut ajouter que cette conscience de conscience — en dehors des cas de conscience réfléchie sur lesquels nous insisterons tout à l'heure — n'est pas *positionnelle,* c'est-à-dire que la conscience n'est pas à elle-même son objet [23]. Son objet est hors d'elle par nature et c'est pour cela que d'un même acte elle le *pose* et le *saisit.* Elle-même ne se connaît que comme intériorité absolue. Nous appellerons une pareille conscience : conscience du premier degré ou *irréfléchie.* Nous demandons : y a-t-il place pour un *Je* dans une pareille conscience ? La réponse est claire : évidemment non. En effet ce Je n'est ni l'objet (puisqu'il est intérieur par hypothèse) ni non plus *de la conscience,* puisqu'il est quelque

21. « Parce qu'il s'agit d'un absolu d'existence et non de connaissance, il échappe à cette fameuse objection selon laquelle un absolu connu n'est plus un absolu parce qu'il devient relatif à la connaissance qu'on en prend. En fait, l'absolu est ici, non pas le résultat d'une construction logique sur le terrain de la connaissance, mais le sujet de la plus concrète des expériences. Et il n'est point *relatif* à cette expérience, parce qu'il *est* cette expérience. Aussi est-ce *un absolu non-substantiel* », *L'Être et le Néant,* p. 23.

22. « La transcendance est structure constitutive de la conscience, c'est-à-dire que la conscience naît portée sur un être qui n'est pas elle. (...) La conscience implique dans son être un être non-conscient et transphénoménal. (...) La conscience est un être pour lequel il est dans son être question de son être, en tant que cet être implique un être autre que lui », *L'Être et le Néant,* pp. 28-29.

23. « Toute conscience positionnelle d'objet est en même temps conscience non-positionnelle d'elle-même », *Être et Néant,* p. 19.

chose *pour* la conscience, non pas une qualité translucide de la conscience, mais, en quelque sorte, un habitant. En effet, le Je, avec sa personnalité, est, si formel, si abstrait qu'on le suppose, comme un centre d'opacité. Il est au moi concret et psycho-physique ce que le point est aux trois dimensions : il est un Moi infiniment contracté. Si donc on introduit cette opacité dans la conscience, on détruit par là-même la définition si féconde que nous donnions tout à l'heure, on la fige, on l'obscurcit, ce n'est plus une spontanéité, elle porte même en elle comme un germe d'opacité. Mais, en outre, on est contraint d'abandonner ce point de vue original et profond qui fait de la conscience un absolu non *substantiel*. Une conscience pure est un absolu tout simplement parce qu'elle est conscience d'elle-même. Elle reste donc un « phénomène » au sens très particulier où « être » et « apparaître » ne font qu'un [24]. Elle est toute légèreté, toute translucidité. C'est en cela que le Cogito de Husserl est si différent du Cogito cartésien. Mais si le Je est une structure nécessaire de la

24. « Il n'y a dans la sphère psychique aucune distinction entre apparaître et être. (...) Ces apparences elles-mêmes ne constituent pas un être qui apparaîtrait, lui encore, à l'aide des apparences à travers lesquelles il apparaîtrait ». Husserl, *La philosophie comme science rigoureuse* (p. 83 de la traduction de Q. LAUER).

« La pensée moderne a réalisé un progrès considérable en réduisant l'existant à la série des apparitions qui le manifestent. (...) Le dualisme de l'être et du paraître ne saurait plus trouver droit de cité en philosophie. (...) L'être d'un existant, c'est précisément ce qu'il paraît. Ainsi parvenons-nous à l'idée de *phénomène* telle qu'on peut la rencontrer par exemple dans la « Phénoménologie » de Husserl ou de Heidegger, le phénomène ou le relatif-absolu. (...) Le phénomène peut être étudié et décrit en tant que tel, il est absolument indicatif de lui-même », *L'Être et le Néant*, passim, pp. 1-2.

conscience, ce Je opaque est élevé du même coup au rang d'absolu. Nous voilà donc en présence d'une monade. Et c'est bien, malheureusement, l'orientation de la nouvelle pensée de Husserl (voir les *M. C.*) [25]. La conscience s'est alourdie, elle a perdu ce caractère qui faisait d'elle l'existant absolu *à force d'inexistence*. Elle est lourde et *pondérable*. Tous les résultats de la phénoménologie menacent ruine si le Je n'est pas au même titre que le monde un existant relatif, c'est-à-dire un objet *pour* la conscience [26].

B) LE *COGITO*

COMME CONSCIENCE RÉFLEXIVE

Le « Je pense » kantien est une condition de possibilité. Le Cogito de Descartes et de Husserl est une constatation de fait. On a parlé de la « nécessité de fait » du Cogito et cette expression me paraît très juste. Or il est indéniable que le

25. Orientation qu'indiquent la 4e *Méditation cartésienne*, qui traite de la « plénitude concrète du Moi comme Monade », et la 5e *Méditation*, intitulée « Détermination du domaine transcendantal comme intersubjectivité monadologique ».

26. Les difficultés qu'entraîne la conception husserlienne de la conscience transcendantale comme archi-région ont été récemment rappelées dans un article de M. Derrida paru dans les *Études philosophiques* (1963) : « Phänomenologische Psychologie. Vorlesungen Sommersemester 1925, par Ed. Husserl ». M. Derrida écrit en particulier : « Mon Je transcendantal est radicalement différent, pré-

Cogito est personnel. Dans le « *Je* pense » il y a un *Je* qui pense. Nous atteignons ici le Je dans sa pureté et c'est bien du Cogito qu'une « Égologie » doit partir. Le fait qui peut servir de départ est donc celui-ci : chaque fois que nous saisissons notre pensée, soit par une intuition immédiate, soit par une intuition appuyée sur la mémoire, nous saisissons un *Je* qui est le Je de la pensée saisie et qui se donne, en outre, comme transcendant cette pensée et toutes les autres pensées possibles. Si, par exemple, je veux me rappeler tel paysage aperçu dans le train, hier, il m'est possible de faire revenir le souvenir de ce paysage en tant que tel, mais je peux aussi me rappeler que *je* voyais ce paysage. C'est ce que Husserl appelle dans *La Conscience interne du temps* la possibilité de *réfléchir dans le souvenir*[27]. Autrement dit, je peux toujours opérer une remémoration quelconque sur le mode personnel et le *Je* apparaît aussitôt. Telle est la garantie *de fait* de l'affirmation *de droit* kantienne. Ainsi apparaît-il qu'il n'est pas une de mes consciences que je ne saisisse comme pourvue d'un Je.

Mais il faut se rappeler que tous les auteurs qui

cise Husserl, de mon Je naturel et humain ; et pourtant il *ne* s'en distingue en *rien*. (...) Je (transcendantal) n'est pas un autre. Il n'est surtout pas le fantôme métaphysique ou formel du moi empirique. Ce qui conduirait à dénoncer l'image théorétique et la métaphore du *Je* spectateur absolu de son propre moi psychique, tout ce langage analogique dont on doit parfois se servir pour annoncer la réduction transcendantale et pour décrire cet « objet » insolite qu'est le moi psychique face à l'Ego transcendantal absolu ».

27. Par exemple, dans le Supplément XII : « La conscience interne et la saisie des vécus » (p. 179 sqq. de la trad.).

ont décrit le Cogito l'ont donné comme une opération réflexive, c'est-à-dire comme une opération du
second degré. Ce Cogito est opéré par une conscience *dirigée sur la conscience*, qui prend la conscience comme objet. Entendons-nous : la certitude du Cogito est absolue car, comme le dit
Husserl [28], il y a une unité indissoluble de la conscience réfléchissante et de la conscience réfléchie
(au point que la conscience réfléchissante ne saurait exister sans la conscience réfléchie). Il n'en
demeure pas moins que nous sommes en présence
d'une synthèse de deux consciences dont l'une est
conscience *de* l'autre. Ainsi le principe essentiel de
la phénoménologie, « toute conscience est conscience *de* quelque chose », est sauvegardé. Or, ma
conscience réfléchissante ne se prend pas elle-
même pour objet lorsque je réalise le *Cogito*. Ce
qu'elle affirme concerne la conscience réfléchie. En
tant que ma conscience réfléchissante est conscience d'elle-même, elle est conscience *non-positionnelle*. Elle ne devient positionnelle qu'en visant
la conscience réfléchie qui, elle-même, n'était pas
conscience positionnelle de soi avant d'être réfléchie. Ainsi la conscience qui dit « Je pense » n'est
précisément pas celle qui pense. Ou plutôt ce n'est
pas *sa* pensée qu'elle pose par cet acte thétique.
Nous sommes donc fondés à nous demander si le
Je qui pense est commun aux deux consciences
superposées ou s'il n'est pas plutôt celui de la

---

28. Avec le « Je suis », je saisis une évidence apodictique, dit
encore Husserl dans les *Méditations cartésiennes*.

conscience réfléchie. Toute conscience réfléchissante est, en effet, en elle-même irréfléchie et il
faut un acte nouveau et du troisième degré pour
la poser. Il n'y a d'ailleurs pas ici de renvoi à
l'infini puisqu'une conscience n'a nullement besoin
d'une conscience réfléchissante pour être consciente d'elle-même. Simplement elle ne se pose pas
à elle-même comme son objet [29].

Mais ne serait-ce pas précisément l'acte réflexif
qui ferait naître le Moi dans la conscience réfléchie ? Ainsi expliquerait-on que toute pensée saisie
par l'intuition possède un Je, sans tomber dans les
difficultés que signalait notre précédent chapitre.
Husserl [30] est le premier à reconnaître qu'une pensée irréfléchie subit une modification radicale en
devenant réfléchie. Mais faut-il borner cette modi-

---

29. Pour résumer, une analyse phénoménologique de la conscience
discernera trois degrés de conscience :

　1° *un premier degré* au niveau de la conscience irréfléchie,
　　non-positionnelle de soi, parce que conscience de soi en tant
　　que conscience d'un objet transcendant.

Avec le cogito :

　2° *un second degré :* la conscience réfléchissante est non-
　　positionnelle d'elle-même, mais positionnelle de la conscience
　　réfléchie.

　3° *un troisième degré*, qui est un acte thétique au second degré,
　　par lequel la conscience réfléchissante devient positionnelle
　　de soi.

Autrement dit, au niveau du second degré, il y a des actes irréfléchis de réflexion.

Quant à l'autonomie de la conscience irréfléchie, elle est forte-
ment affirmée dans l'Introduction de *L'Être et le Néant*.

Cf. Texte cité, appendice n° 6.

30. Dans l'introduction aux *Ideen I*, Husserl déclare que la phénoménologie « exige l'abandon des attitudes naturelles liées à notre
expérience et à notre pensée, bref un changement radical d'attitude », (Trad. p. 6) ; et au § 31, intitulé « Altération radicale de la
thèse naturelle », (Trad. p. 96), il explicite cette affirmation.

fication à une perte de « naïveté » ? L'essentiel du changement ne serait-il pas l'apparition du Je ? Il faut évidemment recourir à l'expérience concrète, et celle-ci peut sembler impossible, puisque, par définition, une expérience de ce genre est réflexive, c'est-à-dire pourvue d'un Je. Mais toute conscience irréfléchie, étant conscience non-thétique d'elle-même, laisse un souvenir non-thétique que l'on peut consulter [31]. Il suffit pour cela de chercher à reconstituer le moment complet où parut cette conscience irréfléchie (ce qui est, par définition, toujours possible). Par exemple, j'étais absorbé tout à l'heure dans ma lecture. Je vais chercher à me rappeler les circonstances de ma lecture, mon attitude, les lignes que je lisais. Je vais ainsi ressusciter non seulement ces détails extérieurs mais une certaine épaisseur de conscience irréfléchie, puisque les objets n'ont pu être perçus que *par* cette conscience et qu'ils lui demeurent relatifs. Cette conscience, il ne faut pas la poser comme objet de ma réflexion, il faut au contraire que je dirige mon attention sur les objets ressuscités, mais *sans la perdre de vue,* en gardant avec elle une sorte de complicité et en inventoriant son contenu de façon non-positionnelle. Le résultat n'est pas douteux : tandis que je lisais, il y avait conscience *du* livre, *des* héros du roman, mais le *Je* n'habitait pas cette conscience, elle était seulement conscience de l'objet et conscience non-positionnelle d'elle-même. Ces résultats saisis

31. Husserl fait appel à des souvenirs non-thétiques de consciences non-thétiques dans les *Leçons sur la conscience interne du temps.*

athétiquement je puis maintenant en faire l'objet d'une thèse et déclarer : il n'y avait pas de *Je* dans la conscience irréfléchie. Il ne faut pas considérer cette opération comme artificielle et conçue pour les besoins de la cause : c'est évidemment grâce à elle que Titchener [32] pouvait dire dans son *Text-book of Psychology* que bien souvent le Moi était absent de sa conscience. Il n'allait pas plus loin d'ailleurs et ne tentait pas de classer les états de conscience sans Moi.

On sera sans doute tenté de m'objecter que cette opération, cette saisie non-réflexive d'une conscience par une autre conscience, ne peut évidemment s'opérer que par le souvenir et qu'elle ne bénéficie donc pas de la certitude absolue inhérente à l'acte réflexif. Nous nous trouverions donc en présence *d'une part* d'un acte certain qui me permet d'affirmer la présence du Je dans la conscience réfléchie et *d'autre part* d'un souvenir douteux qui tendrait à faire croire que le Je est absent de la conscience irréfléchie. Il semble que nous n'ayons pas le droit d'opposer ceci à cela. Mais je prie de considérer que le souvenir de la conscience irréfléchie ne s'oppose pas aux données de la conscience réflexive. Personne ne songe à nier que le Je apparaisse dans une conscience réfléchie. Il s'agit simplement d'opposer le souvenir réflexif de ma lecture (« je lisais »), qui est, lui aussi, de

---

32. TITCHENER (1867-1927) est un psychologue anglo-américain. Élève de Wundt, il se consacra à la psychologie expérimentale, et eut surtout une influence sur la psychologie anglo-saxonne.
On peut citer de lui : *An outline of psychology* (1896) ; *Lehrbuch der psychologie* (cité ici) (1910-12) ; *Experimental psychology* (1927).

nature douteuse, à un souvenir non-réfléchi. Le droit de la réflexion présente, en effet, ne s'étend pas au-delà de la conscience saisie présentement. Et le souvenir réflexif, auquel nous sommes obligés de recourir pour restituer les consciences écoulées, outre le caractère douteux qu'il doit à sa nature de souvenir, demeure suspect puisque, selon l'aveu de Husserl lui-même, la réflexion *modifie* la conscience spontanée. Puisque donc tous les souvenirs non-réflexifs de conscience irréfléchie me montrent une conscience *sans moi*, puisque d'autre part des considérations théoriques basées sur l'intuition d'essence de la conscience nous ont contraint de reconnaître que le Je ne pouvait faire partie de la structure interne des « Erlebnissen », il nous faut donc conclure : il n'y a pas de *Je* sur le plan irré-fléchi. Quand je cours après un tramway, quand je regarde l'heure, quand je m'absorbe dans la contemplation d'un portrait, il n'y a pas de Je. Il y a conscience *du tramway-devant-être-rejoint*, etc., et conscience non-positionnelle de la conscience. En fait je suis alors plongé dans le monde des objets, ce sont eux qui constituent l'unité de mes consciences, qui se présentent avec des valeurs, des qualités attractives et répulsives, mais *moi*, j'ai disparu, je me suis anéanti. Il n'y a pas de place pour *moi* à ce niveau, et ceci ne provient pas d'un hasard, d'un défaut momentané d'attention, mais de la structure même de la conscience.

C'est ce qu'une description du cogito nous rendra plus sensible encore. Peut-on dire en effet que l'acte réflexif saisit au même degré et de la même façon le Je et la conscience pensante ? Husserl insiste sur le fait que la certitude de l'acte réflexif vient de ce qu'on y saisit la conscience sans facettes, sans profils, toute entière (sans « abschattungen ») [33]. C'est évident. Au contraire l'objet spatio-temporel se livre toujours à travers une infinité d'aspects et il n'est au fond que l'unité idéale de cette infinité. Quant aux significations, aux vérités éternelles, elles affirment leur transcendance par ceci qu'elles se donnent dès qu'elles apparaissent comme indépendantes du temps, alors que la conscience qui les saisit est, au contraire, individualisée rigoureusement dans la durée. Or nous demandons : quand une conscience réflexive saisit le *Je pense*, se donne-t-elle à saisir une conscience pleine et concrète ramassée dans un moment réel de la durée concrète ? La réponse est claire : le Je ne se donne pas comme un moment concret [34], une

33. Sartre se réfère ici à la théorie phénoménologique de la perception par « profils » ou « esquisses », en allemand « Abschattungen ». Cf. *Ideen I*, § 41. (Trad. pp. 130-134). « En vertu d'une nécessité eidétique, une conscience empirique de la même chose perçue sous « toutes ses faces » et qui se confirme continuellement en elle-même de manière à ne former qu'une unique perception, comporte un système complexe formé par un divers ininterrompu d'apparences et d'esquisses ; dans ces divers viennent s'esquisser eux-mêmes *sich abschatten*, à travers une continuité déterminée, tous les moments de l'objet qui s'offrent dans la perception avec le caractère de se donner soi-même corporellement » (Trad. pp. 132-133).

Sartre oppose pensée et perception par exemple dans *L'Imaginaire*, 1ʳᵉ partie, pp. 18 sqq. : « Il s'agit de phénomènes radicalement distincts : l'un, savoir conscient de lui-même, qui se place d'un coup au centre de l'objet, l'autre, unité synthétique d'une multiplicité d'apparences, qui fait lentement son apprentissage ».

34. Husserl semble l'avoir pressenti, mais il ne s'arrête pas à cette intuition. Pourtant, au § 54 des *Ideen I*, il avait écrit : « Il est certain qu'on peut penser une conscience sans corps et aussi para-

structure périssable de ma conscience actuelle ;
il affirme au contraire sa permanence par delà
cette conscience et toutes les consciences et —
bien que, certes il ne ressemble guère à une vérité
mathématique — son type d'existence se rapproche
bien plus de celui des vérités éternelles que de
celui de la conscience. Il est même évident que
c'est pour avoir cru que *Je* et *pense* sont sur le
même plan que Descartes est passé du Cogito à
l'idée de substance pensante. Nous avons vu tout
à l'heure que Husserl, quoi que plus subtilement,
tombe au fond sous le même reproche. J'entends
bien qu'il reconnaît au Je une transcendance spéciale qui n'est pas celle de l'objet et qu'on pourrait appeler une transcendance « par en dessus ».
Mais de quel droit ? Et comment expliquer ce
traitement privilégié du Je si ce n'est par des
préoccupations métaphysiques ou critiques qui
n'ont rien à faire avec la phénoménologie ? Soyons
plus radicaux et affirmons sans crainte que *toute
transcendance* doit tomber sous l'ἐποχή [35], ce.a

doxal que cela paraisse, sans âme, une conscience non-personnelle,
c'est-à-dire un flux vécu où ne se constitueraient pas les unités
intentionnelles empiriques qui se nomment corps et âme, sujet
personnel empirique, et où tous ces concepts empiriques, y compris
par conséquent celui du vécu au sens psychologique (en tant que
vécu d'une personne, d'un moi animé) perdraient tout point d'appui
et en tout cas toute validité ». (Trad. p. 182).

35. Ce que ne reconnaîtra jamais Husserl.

« Parmi les traits distinctifs généraux que présentent les essences
du domaine du vécu après la purification transcendantale, la première place revient expressément à la relation qui unit chaque vécu
au moi « pur ». Chaque cogito, chaque acte a un sens spécial, se
caractérise comme un acte du moi, il procède du moi, en lui le moi vit
vit actuellement. (...) Nulle mise hors circuit ne peut abolir la
forme du cogito et supprimer d'un trait le « pur » sujet de l'acte :
le fait « d'être dirigé sur », « d'être occupé à », « de prendre posi-

nous évitera peut-être d'écrire des chapitres aussi
embarrassés que le paragraphe 61 des *Ideen*. Puisque le Je s'affirme lui-même comme transcendant
dans le « Je pense », c'est qu'il n'est pas de la
même nature que la conscience transcendantale.

Remarquons d'ailleurs qu'il n'apparaît pas à la
réflexion comme la conscience réfléchie : il se
donne *à travers* la conscience réfléchie. Certes il
est saisi par l'intuition et il est l'objet d'une évidence. Mais on sait le service que Husserl a rendu
à la philosophie en distinguant diverses espèces
d'évidence [36]. Eh bien, il n'est que trop certain que
le Je du Je pense n'est l'objet d'une évidence ni
apodictique ni adéquate. Elle n'est pas apodictique
puisque en disant *Je* nous affirmons bien plus que
nous ne savons. Elle n'est pas adéquate car le Je
se présente comme une réalité opaque dont il
faudrait développer le contenu. Certes, il se manifeste comme la source de la conscience mais cela
même devrait nous faire réfléchir : en effet, de ce
fait il apparaît voilé, mal distinct à travers la conscience, comme un caillou au fond de l'eau, — de
ce fait il est tout de suite trompeur car nous
savons que rien sauf la conscience ne peut être la

---

tion par rapport à », « de faire l'expérience de », « de souffrir de »,
enveloppe *nécessairement* dans son essence d'être précisément un
rayon qui émane du moi, ou en sens inverse qui se dirige vers le
moi ; ce moi est le pur moi ; aucune réduction n'a prise sur lui »,
Ideen I, § 80, (Trad. p. 270) : « La relation du vécu au moi pur ».

De même, 1ʳᵉ *Méditation cartésienne*, § 8, p. 18 : après la réduction, « je me retrouve en tant qu'ego pur avec le courant pur de
mes cogitationes ».

36. Les diverses sortes d'évidences sont définies dans les *Ideen I*,
§ 3, puis dans la première *Méditation cartésienne*, § 6.

source de la conscience. En outre, si le Je fait
partie de la conscience, il y aura donc *deux* Je :
le Je de la conscience réflexive et le Je de la conscience réfléchie. Fink [37], le disciple de Husserl, en
connaît même un troisième, le Je de la conscience
transcendantale, libéré par l'ἐποχή. De là le problème des trois Je, dont il mentionne avec quelques complaisances les difficultés. Pour nous ce
problème est tout simplement insoluble, car il n'est
pas admissible qu'une communication s'établisse
entre le Je réflexif et le Je réfléchi, s'ils sont des
éléments réels de conscience, ni surtout qu'ils
s'identifient finalement en un Je unique.

En conclusion de cette analyse il me paraît
qu'on peut faire les constatations suivantes :

1° Le Je est un *existant*. Il a un type d'existence
concrète, différent sans doute de celui des vérités
mathématiques, des significations ou des êtres
spatio-temporels, mais aussi réel. Il se donne lui-
même comme transcendant.

2° Il se livre à une intuition d'un genre spécial
qui le saisit derrière la conscience réfléchie, d'une
façon toujours inadéquate.

3° Il n'apparaît jamais qu'à l'occasion d'un acte
réflexif. Dans ce cas la structure complexe de la
conscience est la suivante : il y a un acte irréfléchi
de réflexion sans Je qui se dirige sur une conscience réfléchie. Celle-ci devient l'objet de la cons-

---

37. FINK, *Die phänomenologische Philosophie E. Husserls in der
gegenwärtigen Kritik.* Kantstudien (1933).

cience réfléchissante, sans cesser toutefois d'affirmer son objet propre (une chaise, une vérité mathématique, etc.). En même temps un objet nouveau apparaît qui est l'occasion d'une affirmation de la conscience réflexive et qui n'est par conséquent ni sur le même plan que la conscience irréfléchie (parce que celle-ci est un absolu qui n'a pas besoin de la conscience réflexive pour exister), ni sur le même plan que l'objet de la conscience irréfléchie (chaise, etc.). Cet objet transcendant de l'acte réflexif c'est le Je.

4° Le Je transcendant doit tomber sous le coup de la réduction phénoménologique. Le Cogito affirme trop. Le contenu certain du pseudo « Cogito » n'est pas « *j'ai* conscience de cette chaise », mais « *il y a* conscience de cette chaise ». Ce contenu est suffisant pour constituer un champ infini et absolu aux recherches de la phénoménologie.

C) Théorie de la *PRÉSENCE MATÉRIELLE* du Moi.

Pour Kant et pour Husserl le Je est une structure formelle de la conscience. Nous avons tenté de montrer qu'un Je n'est jamais purement formel, qu'il est toujours, même abstraitement conçu, une contraction infinie du Moi matériel. Mais il nous faut, avant d'aller plus loin, nous débarrasser d'une théorie purement psychologique qui affirme, pour des raisons psychologiques, la présence maté-

rielle du Moi dans toutes nos consciences. C'est
la théorie des moralistes de « l'amour-propre ».
D'après eux l'amour de soi — et par conséquent le
Moi — serait dissimulé dans tous les sentiments
sous mille formes diverses. D'une façon très générale, le Moi, en fonction de cet amour qu'il se
porte, désirerait *pour lui-même* tous les objets
qu'il désire. La structure essentielle de chacun de
mes actes serait un *rappel à moi*. Le « retour à
moi » serait constitutif de toute conscience.

Objecter à cette thèse que ce retour à moi n'est
nullement présent à la conscience — par exemple
quand j'ai soif, que je vois un verre d'eau et qu'il
m'apparaît comme désirable — ce n'est pas l'em-
barrasser : elle nous l'accorderait volontiers. La
Rochefoucauld est un des premiers à avoir fait
usage, sans le nommer, de l'inconscient : pour lui
l'amour-propre se *dissimule* sous les formes les
plus diverses. Il faut le dépister avant de le saisir [38]. D'une façon plus générale on a admis par la
suite que le Moi, s'il n'est pas présent à la conscience, est caché derrière elle et qu'il est le pôle
d'attraction de toutes nos représentations et de
tous nos désirs. Le Moi cherche donc à se procu-

38. « L'amour-propre est l'amour de soi-même, et de toutes choses
pour soi ; il rend les hommes idolâtres d'eux-mêmes, et les rendrait
tyrans des autres si la fortune leur en donnait les moyens ; il ne
se repose jamais hors de soi, et ne s'arrête dans les sujets étran-
gers que comme les abeilles sur les fleurs, pour en tirer ce qui lui
est propre. Rien de si impétueux que ses désirs, rien de si *caché*
que ses desseins, rien de si habile que ses conduites : ses sou-
plesses ne se peuvent représenter, ses transformations passent celles
des métamorphoses, et ses raffinements ceux de la chimie. On ne
peut sonder la profondeur ni percer les ténèbres de ses abîmes »,
LA ROCHEFOUCAULD, *Maximes*, Supplément de 1693.

rer l'objet pour satisfaire son désir. Autrement dit, c'est le désir (ou si l'on préfère le Moi désirant) qui est donné comme fin et l'objet désiré qui est moyen.

Or l'intérêt de cette thèse nous paraît être de mettre en relief une erreur très fréquente des psychologues : elle consiste à confondre la structure essentielle des actes réflexifs avec celle des actes irréfléchis [39]. On ignore qu'il y a toujours deux formes d'existence possible pour une conscience ; et, chaque fois que les consciences observées se donnent comme irréfléchies on leur superpose une structure réflexive dont on prétend étourdiment qu'elle reste inconsciente.

J'ai pitié de Pierre et je lui porte secours. Pour ma conscience une seule chose existe à ce moment : Pierre-devant-être-secouru. Cette qualité de « devant-être-secouru » se trouve en Pierre. Elle agit sur moi comme une force. Aristote l'avait dit : c'est le désirable qui meut le désirant. A ce niveau le désir [40] est donné à la conscience comme centrifuge (il se transcende lui-même, il est conscience thétique du « devant-être » et conscience non-thétique de lui-même) et impersonnel (il n'y a pas de Moi : je suis en face de la douleur de Pierre comme en face de la couleur de cet encrier. Il y a un monde objectif de choses et d'actions, faites

39. Sur la double forme d'existence toujours possible pour une conscience et garantissant l'autonomie du préréflexif, cf. *L'Être et le Néant*, Introduction.
Cf. Texte cité, appendice n° 6.
40. La description phénoménologique du désir est développée dans *L'Être et le Néant*, pp. 451-468.

ou à faire, et les actions viennent s'appliquer comme des qualités sur les choses qui les récla- ment). Or, ce premier moment du désir — à sup- poser qu'il n'ait pas complètement échappé aux théoriciens de l'amour-propre — n'est pas consi- déré par eux comme un moment complet et auto- nome. Ils ont imaginé derrière lui un autre état qui demeure dans la pénombre : par exemple je secours Pierre pour faire cesser l'état désagréable où m'a mis la vue de ses souffrances. Mais cet état désagréable ne peut être connu comme tel et on ne peut tenter de le supprimer qu'à la suite d'un acte de réflexion. En effet, un désagrément sur le plan irréfléchi se transcende de la même façon que la conscience irréfléchie de pitié. C'est la saisie intuitive d'une qualité désagréable d'un objet. Et, dans la mesure où il peut s'accompagner d'un désir, il désire non se supprimer *lui-même* mais supprimer l'objet désagréable [41]. Il ne sert donc à rien de mettre derrière la conscience irréfléchie de pitié un état désagréable dont on fera la cause profonde de l'acte pitoyable : si cette conscience de désagrément ne se retourne pas sur elle-même pour se poser par soi comme état désagréable, nous resterons indéfiniment dans l'impersonnel et l'irréfléchi. Ainsi donc, sans même s'en rendre compte, les théoriciens de l'amour-propre suppo-

---

41. De même l'émotion est une conduite irréfléchie, non pas inconsciente, mais consciente d'elle-même non-thétiquement, et sa façon d'être thétiquement consciente d'elle-même, c'est de se trans- cender et de saisir sur le monde comme une qualité de choses. L'émotion est une « transformation du monde », selon l'*Esquisse d'une théorie des émotions*, pp. 32-33.

sent que le réfléchi est premier, originel et dissimulé dans l'inconscient. Il est à peine besoin de faire ressortir l'absurdité d'une telle hypothèse. Même si l'inconscient existe [42], à qui fera-t-on croire qu'il recèle des spontanéités de forme réfléchie ? La définition du réfléchi n'est-il pas d'être posé par une conscience ? Mais, en outre, comment admettre que le réfléchi est premier par rapport à l'irréfléchi ? Sans doute, on peut concevoir qu'une conscience apparaisse immédiatement comme réfléchie, dans certains cas. Mais même alors l'irréfléchi a la priorité ontologique sur le réfléchi, parce qu'il n'a nullement besoin d'être réfléchi pour exister et que la réflexion suppose l'intervention d'une conscience du second degré.

Nous arrivons donc à la conclusion suivante : la conscience irréfléchie doit être considérée comme autonome [43]. C'est une totalité qui n'a nullement besoin d'être complétée et nous devons reconnaître sans plus que la qualité du désir irréfléchi est de se transcender en saisissant sur l'objet la qualité de désirable. Tout se passe

42. Sur le problème que pose l'inconscient freudien, voir dans *L'Être et le Néant*, le chapitre « La mauvaise foi », pp. 88-93 ; et la 4e partie, ch. 2, 1 : « La psychanalyse existentielle », pp. 643-663. Se reporter à la note 74.

43. Sartre insistera toujours sur cette autonomie de la conscience irréfléchie, qui trouve son fondement dans l'intentionnalité essentielle des consciences. Cette conception de la priorité ontologique de l'irréfléchi sur le réfléchi reste centrale dans ses ouvrages ultérieurs, en particulier *L'Imagination* (l'image est une évidence anté-prédicative), la *Théorie des émotions*, *L'Imaginaire*, et *l'Être et le Néant*, parce qu'elle constitue le seul moyen radical d'éliminer tout idéalisme.

Cf. Textes cités, appendices nos 6 et 7.

comme si nous vivions dans un monde où les
objets, outre leurs qualités de chaleur, d'odeur, de
forme, etc., avaient celles de repoussant, d'attirant,
de charmant, d'utile, etc., etc., et comme si ces
qualités étaient des forces qui exerçaient sur nous
certaines actions. Dans le cas de la réflexion, et
dans ce cas seulement, l'affectivité est posée pour
elle-même, comme désir, crainte, etc., dans le cas
de la réflexion seulement je puis penser « *Je* hais
Pierre » « J'ai pitié de Paul, etc. ». C'est donc,
contrairement à ce qu'on a soutenu, sur ce plan
que se place la vie égoïste et sur le plan irréfléchi
que se place la vie impersonnelle (ce qui ne veut
naturellement pas dire que toute vie réflexive est
forcément égoïste ni toute vie irréfléchie forcément altruiste). La réflexion « empoisonne » le
désir [44]. Sur le plan irréfléchi je porte secours à
Pierre parce que Pierre est « devant-être-secouru ».
Mais si mon état se transforme soudain en état
réfléchi, me voilà en train de me regarder agir au
sens où l'on dit de quelqu'un qu'il s'écoute parler.
Ce n'est plus Pierre qui m'attire, c'est *ma* conscience secourable qui m'apparaît comme devant
être perpétuée. Même si je pense seulement que je
dois poursuivre mon action parce que « cela est
bien », le bien qualifie *ma* conduite, *ma* pitié, etc.
La psychologie de La Rochefoucauld se retrouve
à sa place. Et pourtant elle n'est pas *vraie* : ce n'est

---

44. C'est de la même façon que le roué, substituant son désir lui-
même comme désirable à cet-objet-désirable, l'empoisonne par
là-même aussitôt. En tout cas, il lui fait subir une altération fondamentale par rapport au désir naïf.
Cf. *L'Être et le Néant*, p. 454.

pas ma faute si ma vie réflexive empoisonne « par essence » ma vie spontanée, et d'ailleurs la vie réflexive suppose en général la vie spontanée. Avant d'être « empoisonnés » mes désirs ont été purs ; c'est le point de vue que j'ai pris sur eux qui les a empoisonnés. La psychologie de la Rochefoucauld n'est vraie que pour les sentiments particuliers qui tirent leur origine de la vie réflexive, c'est-à-dire qui se donnent d'abord comme *mes sentiments*, au lieu de se transcender d'abord vers un objet.

Ainsi l'examen purement psychologique de la conscience « intramondaine » nous amène aux mêmes conclusions que notre étude phénoménologique : le moi ne doit pas être cherché *dans* les états de conscience irréfléchis ni *derrière* eux. Le Moi n'apparaît qu'avec l'acte réflexif et comme corrélatif noématique [45] d'une intention réflexive. Nous commençons à entrevoir que le Je et le Moi ne font qu'un. Nous allons essayer de montrer que cet Ego, dont Je et Moi ne sont que deux faces, constitue l'unité idéale (noématique) et indirecte de la série infinie de nos consciences réfléchies.

---

45. Les termes « noème » (noématique) et « noèse » viennent de la phénoménologie de Husserl. Voir *Ideen I*, 3ᵉ section, ch. 3. Sartre en donne une définition volontairement simplifiée dans *L'Imagination*, ch. 4, pp. 153 sqq. : « La phénoménologie, ayant mis le monde entre parenthèses, ne l'a pas perdu pour cela. La distinction conscience-monde a perdu son sens. A présent, la coupure se fait autrement, on distingue l'ensemble des éléments réels de la conscience (la hylé et les différents actes intentionels qui l'expriment), et d'autre part le sens qui habite cette conscience. La réalité psychique concrète sera nommée *noèse* et le sens qui vient l'habiter *noème*. Par exemple, « arbre-en-fleur-perçu » est le noème de la perception que j'ai en ce moment. Mais ce sens « noématique » qui appartient à chaque conscience réelle n'est lui-même rien de réel ».

Le Je c'est l'Ego comme unité des actions. Le Moi c'est l'Ego comme unité des États et des qualités. La distinction qu'on établit entre ces deux aspects d'une même réalité nous paraît simplement fonctionnelle, pour ne pas dire grammaticale.

II

CONSTITUTION DE L'EGO

L'Ego n'est pas directement unité des consciences réfléchies. Il existe une unité *immanente* de ces consciences, c'est le flux de la Conscience se constituant lui-même comme unité de lui-même [c] — et une unité *transcendante* : les états les actions. L'Ego est unité des états et des actions, — facultativement des qualités. Il est unité d'unités transcendantes et transcendant lui-même. C'est un pôle transcendant d'unité synthétique, comme le pôle-objet de l'attitude irréfléchie. Seulement ce pôle n'apparaît que dans le monde de la réflexion. Nous allons examiner successivement la constitution des *états*, des *actions* et des *qualités* et l'apparition du Moi comme pôle de ces transcendances [46].

c. Cf. *Zeitbewusstsein*, passim.

46. Le problème du rapport de l'Ego aux états, aux actions et aux qualités, que thématise cette seconde partie, sera repris brièvement dans *L'Être et le Néant* au chapitre « La temporalité », pp. 209 sqq.

Cf. Texte cité, appendice n° 2.

A) LES *ÉTATS* COMME UNITÉS TRANSCENDANTES
DES CONSCIENCES

L'*état* apparaît à la conscience réflexive. Il se donne à elle et fait l'objet d'une intuition concrète. Si je hais Pierre, ma haine de Pierre est un état que je peux saisir par la réflexion. Cet état est *présent* devant le regard de la conscience réflexive, il est *réel*. Faut-il conclure de là qu'il soit immanent et certain ? Certes non. Nous ne devons pas faire de la réflexion un pouvoir mystérieux et infaillible, ni croire que tout ce que la réflexion atteint est indubitable *parce qu'il* est atteint par la réflexion. La réflexion a des limites de droit et de fait. C'est une conscience qui pose une conscience. Tout ce qu'elle affirme sur cette conscience est certain et adéquat. Mais si d'autres objets lui apparaissent à travers cette conscience, ces objets n'ont aucune raison de participer aux caractères de la conscience. Considérons une expérience réflexive de haine [47]. Je vois Pierre, je sens comme un bouleversement profond de répulsion et de colère à sa vue (je suis déjà sur le plan réflexif) : le bouleversement est conscience. Je ne puis me tromper quand je dis : j'éprouve en ce moment une violente répulsion pour Pierre. Mais cette expérience de répulsion est-elle la haine ? Évidem-

47. Cf. la haine comme possibilité de ma relation à autrui, *L'Être et le Néant*, pp. 481 sqq.

ment non. Elle ne se donne d'ailleurs pas comme telle. En effet, je hais Pierre depuis longtemps et je pense que je le haïrai toujours. Une conscience instantanée de répulsion ne saurait donc être ma haine. Si même je la limitais à ce qu'elle est, à une instantanéité, je ne pourrai même plus parler de haine. Je dirais : « J'ai de la répulsion pour Pierre *en ce moment* », et de la sorte je n'engagerai pas l'avenir. Mais précisément par ce refus d'engager l'avenir, je cesserais de haïr.

Or ma haine m'apparaît en même temps que mon expérience de répulsion. Mais elle apparaît *à travers* cette expérience. Elle se donne précisément comme ne se limitant pas à cette expérience. Elle se donne, *dans* et *par* chaque mouvement de dégoût, de répulsion et de colère, mais en même temps elle *n'est* aucun d'eux, elle échappe à chacun en affirmant sa permanence. Elle affirme qu'elle paraissait déjà lorsque hier j'ai pensé à Pierre avec tant de fureur et qu'elle paraîtra demain. Elle opère d'ailleurs d'elle-même une distinction entre *être* et *paraître,* puisqu'elle se donne comme continuant d'*être* même lorsque je suis absorbé dans d'autres occupations et qu'aucune conscience ne la révèle. En voilà assez, ce semble, pour pouvoir affirmer que la haine n'est pas *de la* conscience. Elle déborde l'instantanéité de la conscience et elle ne se plie pas à la loi absolue de la conscience pour laquelle il n'y a pas de distinction possible entre l'apparence et l'être. La haine est donc un objet transcendant. Chaque

« Erlebnis » [48] la révèle tout entière mais en même temps ce n'en est qu'un profil, qu'une projection (une « Abschattung »). La haine est une créance pour une infinité de consciences coléreuses ou répugnées, dans le passé et dans l'avenir. Elle est l'unité transcendante de cette infinité de consciences. Aussi dire « je hais » ou « j'aime » à l'occasion d'une conscience singulière d'attraction ou de répulsion, c'est opérer un véritable passage à l'infini assez analogue à celui que nous opérons quand nous percevons *un* encrier ou *le bleu* du buvard.

Il n'en faut pas plus pour que les droits de la réflexion soient singulièrement limités : il est certain que Pierre me répugne, mais il est et restera toujours douteux que je le haïsse [49]. Cette affirmation déborde infiniment en effet le pouvoir de la réflexion. Il n'en faut pas conclure, naturellement, que la haine soit une simple hypothèse, un concept vide : c'est bien un objet réel, que je saisis

48. *Erlebnis :* expérience vécue
              vécu intentionnel
   Pour la signification de ce terme, Sartre, dans une note de *L'Imagination* (p. 144), renvoie aux *Ideen*, § 36 (Trad. pp. 115-116) et ajoute : « Erlebnis, terme intraduisible en français, vient du verbe erleben. « Etwas erleben » signifie « vivre quelque chose ». Erlebnis aurait à peu près le sens de « vécu » au sens où le prennent les Bergsoniens. »
   49. « Le certain » et « Le probable » constituent les deux grandes parties de l'étude sur *L'Imaginaire*. Seules sont certaines mes « conscience-de » dans leur mouvement spontané d'élan vers les choses ; le paradoxe de ces consciences au premier degré est qu'elles se saisissent à la fois comme intériorités pures et comme éclatements vers les choses, au dehors. Hors de celles-ci, tout objet, comme objet *pour* la conscience, qu'il soit ma haine ou cette table, restera toujours douteux, car aucune intuition ne pourra jamais me le livrer une fois pour toutes dans sa totalité.

à travers l'« Erlebnis », mais cet objet est hors de la conscience et la nature même de son existence implique sa « dubitabilité ». Aussi la réflexion a-t-elle un domaine certain et un domaine douteux, une sphère d'évidences adéquates et une sphère d'évidences inadéquates. La réflexion pure (qui n'est cependant pas forcément la réflexion phéno-ménologique) s'en tient au donné sans élever de prétentions vers l'avenir. C'est ce qu'on peut voir quand quelqu'un, après avoir dit dans la colère : « Je te déteste », se reprend et dit : « Ce n'est pas vrai, je ne te déteste pas, je dis ça dans la colère. » On voit ici deux réflexions : l'une, impure et com-plice, qui opère un passage à l'infini sur le champ et qui constitue brusquement la haine à travers l'« Erlebnis » comme son objet transcendant, — l'autre, pure, simplement descriptive, qui désarme la conscience irréfléchie en lui rendant son instan-tanéité. Ces deux réflexions ont appréhendé les mêmes données certaines mais l'une a affirmé *plus* qu'elle ne savait et elle s'est dirigée à travers la conscience réfléchie sur un objet situé hors de la conscience.

Dès que l'on quitte le domaine de la réflexion pure ou impure et qu'on médite sur ses résultats, on est tenté de confondre le sens transcendant de l'« Erlebnis » avec sa nuance immanente. Cette confusion conduit le psychologue à deux types d'erreurs : ou bien de ce que je me trompe sou-vent dans mes sentiments, de ce que, par exemple, il m'arrive de croire aimer alors que je hais, je conclus que l'introspection est trompeuse ; dans ce cas je sépare définitivement mon *état* de ses apparitions ; j'estime qu'il faut une interprétation symbolique de toutes les apparitions (considérées comme symboles) pour déterminer le sentiment et je suppose un rapport de causalité entre le sentiment et ses apparitions : voici l'inconscient qui reparaît, — ou bien de ce que je sais au contraire que mon introspection est juste, que je ne puis douter de ma conscience de répulsion tant que je l'ai, je me crois autorisé à transporter cette certitude sur le sentiment, je conclus que ma haine peut s'enfermer dans l'immanence et l'adéquation d'une conscience instantanée.

La haine est un *état*. Et par ce terme j'ai tenté d'exprimer le caractère de passivité qui en est constitutif. Sans doute dira-t-on que la haine est une force, une impulsion irrésistible, etc. Mais le courant électrique ou la chute d'eau sont aussi des forces redoutables : cela ôte-t-il rien à la passivité et à l'inertie de leur nature ? En reçoivent-ils moins leur énergie *du dehors* ? La passivité d'une chose spatio-temporelle se constitue à partir de sa relativité existentielle. Une existence relative ne peut être que passive puisque la moindre activité la libérerait du relatif et la constituerait en absolu. De même la haine, existence relative à la conscience réflexive, est *inerte*. Et, naturellement, en parlant de l'inertie de la haine nous ne voulons rien dire sinon qu'elle *apparaît* comme telle à la conscience. Ne dit-on pas en effet : « Ma haine fut réveillée... », « Sa haine était combattue par le violent désir de..., etc. » Les luttes de la haine

contre la morale, la censure, etc., ne sont-elles pas
figurées comme des conflits de forces *physiques*,
au point même que Balzac et la plupart des roman-
ciers (parfois Proust lui-même) appliquent aux
états le principe de l'indépendance des forces ?
Toute la psychologie des états (et la psychologie
non-phénoménologique en général) est une psychologie de l'inerte.

L'état est donné en quelque sorte comme intermédiaire entre le corps (la « chose » immédiate)
et l'« Erlebnis ». Seulement il n'est pas donné
comme agissant de la même manière du côté du
corps et du côté de la conscience. Du côté du
corps, son action est franchement causale. Il est
cause de ma mimique, cause de mes gestes :
« Pourquoi avez-vous été si désagréable avec
Pierre ? » » « *Parce que* je le déteste. » Mais il ne
saurait en être de même (sauf dans des théories
construites *a priori* et avec des concepts vides,
comme le Freudisme) du côté de la conscience.
En aucun cas, en effet, la réflexion ne peut être
trompée sur la spontanéité de la conscience réfléchie : c'est le domaine de la certitude réflexive.
Aussi la relation entre la haine et la conscience
instantanée de dégoût est-elle construite de façon
à ménager à la fois les exigences de la haine (être
première, être *origine*) et les données certaines de
la réflexion (spontanéité) : la conscience de dégoût
apparaît à la réflexion comme une émanation spontanée de la haine. Nous voyons ici pour la première fois cette notion d'*émanation*, qui est si
importante chaque fois qu'il s'agit de relier les

états psychiques inertes aux spontanéités de la conscience. La répulsion se donne, en quelque sorte, comme se produisant elle-même *à l'occasion* de la haine et *aux dépens* de la haine. La haine apparaît à travers elle comme ce dont elle émane. Nous reconnaissons volontiers que le rapport de la haine à l'« Erlebnis » particulier de répulsion n'est pas logique. C'est un lien magique, assurément [50]. Mais nous avons voulu décrire seulement, et, au surplus, on verra bientôt que c'est en termes exclusivement magiques qu'il faut parler des rapports du moi à la conscience.

B) CONSTITUTION DES *ACTIONS*

Nous ne tenterons pas d'établir une distinction entre la conscience *active* et la conscience simplement spontanée. Il nous semble d'ailleurs que c'est un des problèmes les plus difficiles de la phénoménologie. Nous voudrions simplement faire remarquer que l'action concertée est avant tout (et de quelque nature que soit la conscience active) un transcendant. Cela est évident pour des actions comme « jouer du piano », « conduire une automobile », « écrire », parce que ces actions sont « prises » dans le monde des choses. Mais les actions

---

50. Sartre constate ici pour la première fois l'apparition dans la conscience de procès magiques. Il étudiera (en 1939) la conduite magique singulière qu'est l'émotion, fuite irréfléchie d'une conscience devant un monde qui l'envahit violemment et qu'elle voudrait anéantir.

purement psychiques comme douter, raisonner, méditer, faire une hypothèse, doivent, elles aussi, être conçues comme des transcendances. Ce qui trompe ici c'est que l'action n'est pas seulement l'unité noématique d'un courant de conscience : c'est aussi une réalisation concrète. Mais il ne faut pas oublier que l'action demande du temps pour s'accomplir. Elle a des articulations, des moments. A ces moments correspondent des consciences concrètes actives et la réflexion qui se dirige sur les consciences appréhende l'action totale dans une intuition qui la livre comme l'unité transcendante des consciences actives. En ce sens, on peut dire que le doute spontané qui m'envahit lorsque j'entrevois un objet dans la pénombre est une *conscience,* mais le doute méthodique de Descartes est une action, c'est-à-dire un objet transcendant de la conscience réflexive. On voit ici le danger : quand Descartes dit : « Je doute donc je suis », s'agit-il du doute spontané que la conscience réflexive saisit dans son instantanéité —, ou bien s'agit-il justement de l'*entreprise* de douter ? Cette ambiguïté, nous l'avons vu, peut être la source de graves erreurs.

C) Les qualités

comme unités facultatives des états

L'Ego est directement, nous allons le voir, l'unité transcendante des états et des actions. Cependant il peut exister un intermédiaire entre ceux-ci et celui-là : c'est la qualité. Lorsque nous avons éprouvé plusieurs fois des haines vis-à-vis de différentes personnes ou des rancunes tenaces ou de longues colères, nous unifions ces diverses manifestations en intentionnant une disposition psychique à les produire. Cette disposition psychique (je suis très rancunier, je suis capable de haïr violemment, je suis coléreux) est naturellement plus et autre chose qu'une simple moyenne. C'est un objet transcendant. Elle représente le substrat des états comme les états représentent le substrat des « Erlebnisse ». Mais son rapport avec les sentiments n'est pas un rapport d'émanation. L'émanation ne relie que les consciences aux passivités psychiques. Le rapport de la qualité à l'état (ou à l'action) est un rapport d'actualisation. La qualité est donnée comme une potentialité, une virtualité qui, sous l'influence de facteurs divers, peut passer à l'actualité. Son actualité est précisément l'état (ou l'action). On voit la différence essentielle entre la qualité et l'état. L'état est unité noématique de spontanéités, la qualité est unité de passivités objectives. En l'absence de toute conscience de haine, la haine se donne comme existant en acte. Au contraire, en l'absence de tout sentiment de rancune la qualité correspondante reste une potentialité. La potentialité n'est pas la simple possibilité[51] : elle se présente comme quelque chose qui existe réellement, mais dont le mode d'exis-

51. Le possible, cf. *L'Être et le Néant* : « le pour-soi et l'être des possibles », pp. 139 sqq.
La potentialité, id. pp. 245 sqq.

tence est d'être en puissance. De ce type sont
naturellement les défauts, les vertus, les goûts, les
talents, les tendances, les instincts, etc. Ces unifications sont toujours possibles. L'influence
d'idées préconçues et de facteurs sociaux est ici
prépondérante. Par contre, elles ne sont jamais
indispensables, parce que les états et les actions
peuvent trouver directement dans l'Ego l'unité
qu'ils réclament.

D) CONSTITUTION DE L'EGO
COMME PÔLE DES ACTIONS,
DES ÉTATS ET DES QUALITÉS.

Nous venons d'apprendre à distinguer le « psychique » de la conscience. Le psychique est l'objet
transcendant de la conscience réflexive [d], c'est
aussi l'objet de la science appelée psychologie.
L'Ego apparaît à la réflexion comme un objet

---

d. Mais il peut être aussi visé et atteint à travers la perception
des comportements. Nous comptons nous expliquer ailleurs[52] sur
l'identité foncière de *toutes* les méthodes psychologiques.

52. Sartre renvoyait ici à son traité de psychologie phénoménologique intitulé *La Psyché*, écrit en 1937-1938. Ayant découvert la
notion d'« objet psychique », telle qu'elle est ébauchée dans
l'étude sur l'Ego, il la développait en l'appliquant à divers états ou
sentiments. Mais cette psychologie ne le satisfit pas, en particulier
parce qu'il lui manquait encore l'idée de la néantisation, qui sera
découverte dans *L'Être et le Néant. La Psyché* fut donc abandon-
née. Seul un extrait en fut publié en 1939 : c'est *l'Esquisse d'une
théorie des émotions.*
Voir sur ce point les indications données par SIMONE DE BEAUVOIR
dans *La Force de l'âge*, p. 326.

transcendant réalisant la synthèse permanente du
psychique. L'Ego est *du côté* du psychique [53]. Nous
noterons ici que l'Ego que nous considérons est
psychique et non psycho-physique. Ce n'est pas
par abstraction que nous séparons ces deux
aspects de l'Ego. Le Moi psycho-physique est un
enrichissement synthétique de l'Ego psychique,
qui peut fort bien (et sans réduction d'aucune
sorte) exister à l'état libre. Il est certain, par
exemple, que lorsqu'on dit : « Je suis un indécis »,
on ne vise pas directement le Moi psycho-physique.

Il serait tentant de constituer l'Ego en « pôle-
sujet » comme ce « pôle-objet » que Husserl place
au centre du noyau noématique. Ce pôle-objet est
un X qui supporte les déterminations.

« Des prédicats sont prédicats de "*quelque
chose*", ce "*quelque chose*" appartient aussi au
noyau en question et il est patent qu'il ne peut
s'en séparer ; il est le point d'unité centrale dont

---

53. *L'Être et le Néant* prend explicitement la suite des conclusions
de cet essai. Dans le chapitre intitulé « Le Moi et le circuit de
l'ipséité », l'Ego passe définitivement du côté de l'en-soi, qui devient
la raison d'être de sa transcendance, telle qu'elle est établie ici.
« Nous avons tenté de montrer dans un article des *Recherches philosophiques* que l'Ego n'appartient pas au domaine du pour-soi.
Nous n'y reviendrons pas. Notons seulement ici la raison de la transcendance de l'Ego : comme pôle unificateur des « Erlebnisse »,
l'Ego est en-soi, non pour-soi. S'il était « de la conscience », en
effet, il serait à soi-même son propre fondement dans la translucidité de l'immédiat. Mais alors, il serait ce qu'il ne serait pas et ne
serait pas ce qu'il serait, ce qui n'est nullement le mode d'être du
Je. En effet, la conscience que je prends du Je ne l'épuise jamais
et ce n'est pas elle non plus qui le fait venir à l'existence : il se
donne toujours comme *ayant été* là avant elle — et en même temps
comme possédant des profondeurs qui ont à se dévoiler peu à peu.
Ainsi l'Ego apparaît à la conscience comme un en-soi transcendant,
comme un existant du monde humain, non comme *de la* conscience, » p. 147.

nous avons parlé plus haut. Il est le point d'atta-
che des prédicats, leur support ; mais il n'est nullement unité des prédicats, au sens d'un complexe
quelconque, d'une liaison quelconque de prédicats.
Il doit être nécessairement distingué d'eux, quoi-
qu'on ne puisse le mettre à côté d'eux ni le séparer
d'eux. De même ils sont *ses* prédicats : impensa-
bles sans lui et pourtant à distinguer de lui [e]. »

Par là Husserl entend marquer qu'il considère
les choses comme des synthèses au moins idéale-
ment analysables. Sans doute, cet arbre, cette
table sont des complexes synthétiques et chaque
qualité est liée à chaque autre. Mais elle lui est
liée *en tant qu'elle appartient au même objet X.*
Ce qui est logiquement premier ce sont des rapport unilatéraux selon lesquels chaque qualité
appartient (directement ou indirectement) à cet X
comme un prédicat à un sujet. Il en résulte qu'une
analyse est toujours possible. Cette conception est
fort discutable [54]. Mais ce n'est pas ici le lieu de
l'examiner. Ce qui nous importe, c'est qu'une totalité synthétique indissoluble et qui se supporterait
elle-même n'aurait nul besoin d'un X support, à la
condition naturellement qu'elle soit réellement et
concrètement inanalysable. Il est inutile, par exemple, si l'on considère une mélodie, de supposer un

e. *Ideen*, § 131, p. 270.

54. Parce qu'il n'est pas du tout certain que dans la perception
d'une chose, chaque conscience (des qualités de cette chose) se
rapporte d'emblée à autre chose que soi. En fait, il n'en est rien,
puisque précisément il y a une autonomie de la conscience irréfléchie.

X qui servirait de support aux différentes notes [55]. L'unité vient ici de l'indissolubilité absolue des éléments qui ne peuvent être conçus comme séparés, sauf par abstraction. Le sujet du prédicat sera ici la totalité concrète, et le prédicat sera une qualité abstraitement séparée de la totalité et qui ne prend tout son sens que si on la relie à la totalité [f].

Pour ces raisons mêmes nous nous refuserons à voir dans l'Ego une sorte de pôle X qui serait le support des phénomènes psychiques. Un tel X par définition serait indifférent aux qualités psychiques dont il serait le support. Mais l'Ego, comme nous le verrons, n'est jamais indifférent à ses états, il est « compromis » par eux. Or, précisément, un support ne peut être ainsi compromis par ce qu'il supporte que dans le cas où il est une totalité concrète qui supporte et contient ses propres qualités. L'Ego n'est rien en dehors de la totalité concrète des états et des actions qu'il supporte. Sans doute est-il transcendant à tous les états qu'il unifie, mais non pas comme un X abstrait dont la mission est seulement d'unifier : plutôt c'est la totalité infinie des états et des actions qui ne se laisse jamais réduire à *une* action ou à *un* état. Si nous cherchions un analogue pour la conscience irréfléchie de ce qu'est l'Ego

---

f. HUSSERL connaît d'ailleurs fort bien ce type de totalité synthétique, auquel il a consacré une étude remarquable : *L. U.* II, *Untersuchung III*.

55. Husserl prend l'exemple de la mélodie dans les *Leçons sur la conscience interne du temps*, § 14 (Trad. pp. 51-52).

pour la conscience du second degré, nous pensons plutôt qu'il faudrait songer au *Monde*, conçu comme la totalité synthétique infinie de toutes les choses. Il arrive aussi, en effet, que nous saisissions le Monde au-delà de notre entourage immédiat comme une vaste existence concrète. En ce cas les choses qui nous entourent apparaissent seulement comme l'extrême pointe de ce Monde qui les dépasse et les englobe. L'Ego est aux objets psychiques ce que le Monde est aux choses. Seulement l'apparition du Monde à l'arrière-plan des choses est assez rare ; il faut des circonstances spéciales (fort bien décrites par Heidegger in (*Sein und Zeit*) pour qu'il se « dévoile » [56]. L'Ego, au contraire, apparaît toujours à l'horizon des états. Chaque état, chaque action se donne comme ne pouvant être sans abstraction séparée de l'Ego. Et si le jugement sépare le Je de son état (comme dans la phrase : *Je* suis amoureux), ce ne peut être que pour les lier aussitôt ; le mouvement de séparation conduirait à une signification vide et fausse s'il ne se donnait lui-même comme incomplet et s'il ne se complétait par un mouvement de synthèse.

Cette totalité transcendante participe au caractère douteux de toute transcendance ; c'est-à-dire que tout ce que nous livrent nos intuitions de l'Ego peut toujours être contredit par des intui-

---

56. Pour que le monde apparaisse à l'arrière-plan des choses, il faut qu'éclatent nos catégories habituelles d'appréhension du monde. Leur saisie ne nous livre en effet que le monde spatio-temporel de la science. Mais il arrive que soudain un autre monde surgisse, présence nue, derrière les instruments brisés.

tions ultérieures et se donne comme tel. Par exemple, je puis voir avec évidence que je suis coléreux, jaloux, etc., et cependant je puis me tromper. Autrement dit, je puis me tromper en pensant que j'ai un *tel Moi*. L'erreur ne se commet d'ailleurs pas au niveau du jugement, mais déjà au niveau de l'évidence préjudicative. Ce caractère douteux de mon Ego — ou même l'erreur intuitive que je commets — ne signifie pas que j'ai un *vrai* Moi que j'ignore, mais seulement que l'Ego intentionné porte en lui-même le caractère de la dubitabilité (dans certains cas celui de la fausseté). L'hypothèse métaphysique n'est pas exclue selon laquelle mon Ego ne se composerait pas d'éléments ayant existé en réalité (il y a dix ans ou il y a une seconde), mais serait seulement constitué de faux souvenirs. Ce pouvoir du « Malin Génie » s'étend jusque-là.

Mais, s'il est de la nature de l'Ego d'être un objet *douteux,* il ne s'ensuit pas qu'il soit *hypothétique.* En effet, l'Ego est l'unification transcendante spontanée de nos états et de nos actions. A ce titre il n'est pas une hypothèse. Je ne me dis pas : « Peut-être que j'ai un Ego », comme je peux me dire : « Peut-être que je hais Pierre. » Je ne cherche pas ici un *sens* unificateur de mes états. Lorsque j'unifie mes consciences sous la rubrique « Haine », je leur ajoute un certain sens, je les qualifie. Mais lorsque j'incorpore mes états à la totalité concrète *Moi,* je ne leur ajoute rien. C'est qu'en effet le rapport de l'Ego aux qualités, états et actions n'est ni un rapport d'émanation (comme le rapport de

la conscience au sentiment), ni un rapport d'actualisation (comme le rapport de la qualité à l'état).
C'est un rapport de production poétique (au sens
de ποιεῖν), ou, si l'on veut, de création.

Chacun, en se reportant aux résultats de son
intuition, peut constater que l'Ego est donné
comme produisant ses états. Nous entreprenons
ici une description de cet Ego transcendant tel
qu'il se révèle à l'intuition. Nous partons donc de
ce fait indéniable : chaque nouvel état est ratta-
ché directement (ou indirectement par la qualité)
à l'Ego comme à son origine. Ce mode de création
est bien une création ex nihilo, en ce sens que
l'état n'est pas donné comme ayant été aupara-
vant dans le Moi. Même si la haine se donne
comme actualisation d'une certaine puissance de
rancune ou de haine, elle reste quelque chose de
neuf par rapport à la puissance qu'elle actualise.
Ainsi l'acte unificateur de la réflexion rattache
chaque état nouveau d'une façon très spéciale à la
totalité concrète *Moi*. Elle ne se borne pas à le
saisir comme rejoignant cette totalité, comme se
fondant à elle : elle intentionne un rapport qui
traverse le temps à l'envers et qui donne le Moi
comme la source de l'état. Il en est de même naturellement pour les actions par rapport au Je.
Quant aux qualités, bien qu'elles *qualifient* le Moi,
elles ne se donnent pas comme quelque chose par
quoi il existerait (comme c'est le cas par exemple
pour un agrégat : chaque pierre, chaque brique
existe par elle-même et leur agrégat existe par
chacune d'elles). Mais, au contraire, l'Ego main-

tient ses qualités par une véritable création continuée. Cependant, nous ne saisissons pas l'Ego comme étant finalement une source créatrice pure en deçà des qualités. Il ne nous paraît pas que nous pourrions trouver un pôle squelettique si nous ôtions l'une après l'autre toutes les qualités. Si l'Ego apparaît comme au-delà de chaque qualité ou même de toutes, c'est qu'il est opaque comme un objet : il nous faudrait procéder à un dépouillement infini pour ôter toutes ses puissances. Et, au terme de ce dépouillement, il ne resterait plus rien, l'Ego se serait évanoui. L'Ego est créateur de ses états et soutient ses qualités dans l'existence par une sorte de spontanéité conservatrice. Il ne faudrait pas confondre cette spontanéité créatrice ou conservatrice avec la Responsabilité, qui est un cas spécial de production créatrice à partir de l'Ego. Il serait intéressant d'étudier les divers types de procession de l'Ego à ses états. Il s'agit, la plupart du temps, d'une procession magique. D'autres fois elle peut être rationnelle (dans le cas de volonté réfléchie par exemple). Mais toujours avec un fonds d'inintelligibilité dont nous donnerons la raison tout à l'heure. Avec les différentes consciences (prélogiques, enfantines, schizophréniques, logiques, etc.) la nuance de la création varie, mais elle demeure toujours une production poétique. Un cas très particulier et d'un intérêt considérable, c'est celui de la psychose d'influence. Que veut dire le malade par ces mots : « On *me fait* avoir des pensées mauvaises ? » Nous essaierons de l'étudier dans un autre ouvrage [57]. Remarquons cependant ici que la spontanéité de l'Ego n'est pas niée : elle est en quelque sorte *envoûtée* [58], mais elle demeure.

Mais cette spontanéité ne doit pas être confondue avec celle de la conscience. En effet, l'Ego, étant objet, est *passif*. Il s'agit donc d'une pseudo-spontanéité qui trouverait des symboles convenables dans le jaillissement d'une source, d'un geyser, etc. C'est dire qu'il ne s'agit que d'une apparence. La véritable spontanéité doit être parfaitement claire : elle *est* ce qu'elle produit et ne peut rien être d'autre. Liée synthétiquement à autre chose qu'elle-même, elle envelopperait en effet quelque obscurité et même une certaine passivité dans la transformation. Il faudrait, en effet, admettre un passage de *soi-même* à *autre chose*, qui supposerait que la spontanéité s'échappe à elle-même. La spontanéité de l'Ego s'échappe à elle-même puisque la haine de l'Ego, bien que ne pouvant exister par soi seule, possède malgré tout une certaine indépendance par rapport à l'Ego. De sorte que l'Ego est toujours dépassé par ce qu'il produit, bien que, d'un autre point de vue, il *soit* ce qu'il produit. De là ces étonnements classiques : « *Moi*, j'ai pu faire ça ! », « *Moi*, je puis haïr mon père ! » etc., etc. Ici, évidemment, l'ensemble concret du Moi intuitionné jusqu'à ce jour alourdit ce Je producteur et le retient un peu en arrière de ce qu'il vient de produire. Le lien de l'Ego à

57. Il s'agit de nouveau de *La Psyché*. Voir la note 52.
58. Ainsi le désir est-il décrit par Sartre dans *L'Être et le Néant* comme une « conduite d'envoûtement » (p. 463).

ses états reste donc une spontanéité inintelligible [59]. C'est cette spontanéité qu'a décrit Bergson dans les *Données immédiates*, c'est elle qu'il prend pour la liberté, sans se rendre compte qu'il décrit un *objet* et non une conscience et que la liaison qu'il pose est parfaitement irrationnelle parce que le producteur est passif par rapport à la chose créée. Pour irrationnelle qu'elle soit, cette liaison n'en est pas moins celle que nous constatons dans l'intuition de l'Ego. Et nous en saisissons le sens : l'Ego est un objet appréhendé mais aussi *constitué* par la science réflexive. C'est un foyer virtuel d'unité, et la conscience le constitue en *sens inverse* de celui que suit la production réelle : ce qui est premier *réellement*, ce sont les consciences, à travers lesquelles se constituent les états, puis, à travers ceux-ci, l'Ego. Mais, comme l'ordre est renversé par une conscience qui s'emprisonne dans le Monde pour se fuir, les consciences sont données comme émanant des états et les états comme produits par l'Ego [60]. Il s'ensuit que la conscience projette sa propre spontanéité dans l'objet Ego pour lui conférer le pouvoir créateur qui lui est absolument nécessaire. Seulement cette spontanéité, *représentée et hypostasiée* dans un objet, devient une spontanéité bâtarde et dégra-

---

59. « C'est cette ambiguïté que met en lumière la théorie de Bergson sur la conscience qui dure et qui est « multiplicité d'interpénétration ». Ce que Bergson atteint ici, c'est le psychique, non la conscience conçue comme Pour-soi » *L'Être et le Néant*, p. 214.

60. C'est pourquoi l'Ego joue un grand rôle dans l'emprisonnement de la conscience par elle-même, c'est-à-dire dans les conduites de mauvaise foi. Cf. *L'Être et le Néant*, 1re partie, ch. 2, pp. 85-114.

dée, qui conserve magiquement sa puissance créatrice tout en devenant passive. D'où l'irrationnalité profonde de la notion d'Ego. Nous connaissons d'autres aspects dégradés de la spontanéité consciente. Je n'en citerai qu'un : une mimique expressive [61] et fine peut nous livrer l'« Erlebnis » de notre interlocuteur avec tout son sens, toutes ses nuances, toute sa fraîcheur. Mais elle nous la livre *dégradée*, c'est-à-dire *passive*. Nous sommes ainsi entourés d'objets magiques qui gardent comme un souvenir de la spontanéité de la conscience, tout en étant des objets du monde. Voilà pourquoi l'homme est toujours un sorcier pour l'homme. En effet, cette liaison poétique de deux passivités dont l'une crée l'autre spontanément, c'est le fonds même de la sorcellerie, c'est le sens profond de la « participation ». Voilà pourquoi aussi nous sommes des sorciers pour nous-mêmes, chaque fois que nous considérons notre Moi.

En vertu de cette passivité l'Ego est susceptible d'être *affecté*. Rien ne peut agir sur la conscience, parce qu'elle est cause de soi. Mais, au contraire, l'Ego qui produit subit le choc en retour de ce qu'il produit. Il est « compromis » [62] par ce qu'il produit. Il y a ici inversion de rapport : l'action ou l'état se retourne sur l'Ego pour le qualifier.

---

61. Sartre analysera dans *L'Imaginaire* les implications des jeux de la conscience qui procède à la réification du sens. La mimique expressive, par exemple, peut envelopper un rapport de possession, au sens magique, entre le sens à véhiculer et la matière où il se coule (visage, chair, corps) : « Un imitateur est un possédé », p. 45.

62. Ainsi « le désir me compromet ; je suis complice de mon désir », *L'Être et le Néant*, p. 457.

Ceci nous ramène encore à la relation de participation. Tout nouvel état produit par l'Ego teinte et nuance l'Ego dans le moment où l'Ego le produit. L'Ego est en quelque sorte envoûté par cette action, il en participe. Ce n'est pas le crime commis par Raskolnikoff qui s'incorpore à l'Ego de celui-ci. Ou plutôt, pour être exact, c'est le crime mais sous une forme condensée, sous la forme d'une meurtrissure. Ainsi tout ce que produit l'Ego l'impressionne ; il faut ajouter : *et seulement* ce qu'il produit. On pourrait objecter que le Moi peut être transformé par des événements extérieurs (ruine, deuil, déceptions, changement de milieu social, etc.). Mais c'est seulement en tant qu'ils sont pour lui l'occasion d'états ou d'actions. Tout se passe comme si l'Ego était garanti par sa spontanéité fantomale de tout contact direct avec l'extérieur, comme s'il ne pouvait communiquer avec le Monde que par l'intermédiaire des états et des actions. On voit la raison de cet isolement : c'est tout simplement que l'Ego est un objet qui ne paraît qu'à la réflexion et qui, de ce fait, est radicalement tranché du Monde. Il ne vit pas sur le même plan.

De même que l'Ego est une synthèse irrationnelle d'activité et de passivité, il est synthèse d'intériorité et de transcendance. Il est, en un sens, plus « intérieur » à la conscience que les états. C'est très exactement l'intériorité de la conscience réfléchie, contemplée par la conscience réflexive. Mais il est facile de comprendre que la réflexion, en *contemplant* l'intériorité, en fait un objet posé

devant elle. Qu'entendons-nous en effet par intériorité ? Simplement, ceci que pour la conscience
être et se connaître sont une seule et même chose.
Ce qui peut s'exprimer de différentes façons : je
peux dire, par exemple, que, pour la conscience,
l'apparence est l'absolu en tant qu'elle est apparence ou encore que la conscience est un être
dont l'essence implique l'existence [63]. Ces différentes formules nous permettent de conclure qu'on
vit l'intériorité (qu'on « *existe intérieur* »), mais
qu'on ne la contemple pas, puisqu'elle serait elle-
même par delà la contemplation, comme sa condition. Il ne servirait à rien d'objecter que la réflexion pose la conscience réfléchie et par là son intériorité. Le cas est spécial : réflexion et réfléchi ne
font qu'un, comme l'a fort bien montré Husserl [64],
et l'intériorité de l'une se fond avec celle de l'autre. Mais poser devant soi l'intériorité c'est forcément l'alourdir en objet. C'est comme si elle se
refermait sur soi et ne nous offrait que ses dehors ;
comme s'il fallait en « faire le tour » pour la comprendre. Et c'est bien ainsi que l'Ego se livre à la
réflexion : comme une intériorité fermée sur elle-
même. Il est intérieur *pour lui*, non *pour* la
conscience. Naturellement, il s'agit encore d'un
complexe contradictoire : en effet, une intériorité

63. Cf. « Introduction à la recherche de l'être », pp. 11 à 37 de
L'Être et le Néant.
64. Dans l'unité d'une cogitatio concrète, selon les *Ideen I*, § 38
(Trad. Ricœur, p. 123).
Mais Husserl assimile la thèse de mon vécu personnel à la thèse
de mon moi pur, comme pareillement nécessaires et indubitables,
pour les opposer ensemble à la thèse contingente du monde. C'est
dire qu'il ne place pas l'Ego dans le domaine du transcendant
psychique.

absolue n'a jamais de dehors. Elle ne peut être conçue que par elle-même et c'est pour cela que nous ne pouvons pas saisir les consciences d'autrui (pour cela seulement et non parce que les corps nous séparent). En réalité cette intériorité dégradée et irrationnelle se laisse analyser en deux structures très particulières : l'*intimité* et l'*indistinction*. Par rapport à la conscience l'Ego se donne comme intime. Tout se passe comme si l'Ego était *de la* conscience à cette seule et essentielle différence près qu'il est opaque à la conscience. Et cette opacité est saisie comme *indistinction*. L'indistinction, dont on fait sous différentes formes un usage fréquent en philosophie, c'est l'intériorité vue du dehors, ou, si l'on préfère, la projection dégradée de l'intériorité. C'est cette indistinction qu'on retrouverait par exemple dans la fameuse « multiplicité d'interpénétration » de Bergson. C'est aussi cette indistinction, antérieure aux spécifications de la nature naturée, qu'on trouve chez le Dieu de nombreux mystiques. Tantôt on peut la comprendre comme une indifférenciation primitive de toutes les qualités, tantôt comme une forme pure de l'être, antérieure à toute qualification. Ces deux formes d'indistinction appartiennent à l'Ego, suivant la façon dont on le considère. Dans l'attente, par exemple — (ou lorsque Marcel Arland explique qu'il faut un événement extraordinaire pour révéler le Moi véritable [65]) — l'Ego se livre comme une puissance nue

65. Dans un article de la N.R.F., peut-être *Sur un nouveau Mal du Siècle*, paru en 1924, reproduit dans *Essais critiques*, Gallimard, 1931, p. 14 ; c'est un thème familier de Marcel Arland, voir dans le même recueil son essai sur Oscar Wilde, p. 118.

qui se précisera et se figera au contact des événements [66] [g]. Au contraire, après l'action, il semble que
l'Ego réabsorbe l'acte fait dans une multiplicité
d'interpénétration. Dans les deux cas il s'agit de
totalité concrète, mais la synthèse totalitaire est
opérée avec des intentions différentes. Peut-être
pourrait-on aller jusqu'à dire que l'Ego, par rapport
au passé, est multiplicité d'interpénétration et, par
rapport à l'avenir, puissance nue. Mais il faut se
défier ici d'une schématisation excessive.

Tel quel, le Moi nous reste inconnu. Et cela peut
facilement se comprendre : il se donne comme un
objet. Donc la seule méthode pour le connaître
c'est l'observation, l'approximation, l'attente, l'expérience. Mais ces procédés, qui conviennent parfaitement à tout le transcendant *non-intime*, ne
conviennent pas ici, du fait de l'intimité même du
Moi. Il est trop présent pour qu'on puisse prendre
sur lui un point de vue vraiment extérieur. Si l'on
se retire pour prendre du champ, il nous accompagne dans ce recul. Il est infiniment proche et je
ne puis en faire le tour. Suis-je paresseux ou travailleur ? J'en déciderai sans doute si je m'adresse
à ceux qui me connaissent et si je leur demande
leur avis. Ou bien encore je peux collectionner les
faits qui me concernent et tenter de les interpréter
aussi objectivement que s'il s'agissait d'un autre.

g. Comme dans le cas où le passionné [66] voulant signifier qu'il ne
sait pas jusqu'où sa passion l'entraînera, dit : « J'ai peur de *moi.* »

66. Cf. l'analyse du passionné faite par Simone DE BEAUVOIR dans
Pour une morale de l'ambiguïté, pp. 90 sqq. ; et *L'Être et le Néant,*
I, 2 : « Les conduites de mauvaise foi », p. 94.

Mais il serait vain de m'adresser au Moi directement et d'essayer de profiter de son intimité pour
le connaître. Car c'est elle, au contraire, qui nous
barre la route. Ainsi, « bien se connaître », c'est
fatalement prendre sur soi le point de vue d'autrui,
c'est-à-dire un point de vue forcément faux [67]. Et,
tous ceux qui ont essayé de se connaître en
conviendront, cette tentative d'introspection se
présente dès l'origine comme un effort pour
reconstituer avec des pièces détachées, avec des
fragments isolés, ce qui est donné originellement
d'un coup, d'un seul jet. Aussi l'intuition de l'Ego
est-elle un mirage perpétuellement décevant, car,
à la fois, elle livre tout et elle ne livre rien. Comment pourrait-il en être autrement, d'ailleurs, puisque l'Ego n'est pas la totalité réelle des consciences (cette totalité serait contradictoire comme tout
infini en acte), mais l'unité *idéale* de tous les états
et les actions. Étant idéale, naturellement, cette
unité peut embrasser une infinité d'états. Mais on
conçoit bien que ce qui est livré à l'intuition
concrète et pleine c'est seulement cette unité *en
tant* qu'elle s'incorpore l'état présent. A partir de
ce noyau concret une quantité plus ou moins
grande d'intentions vides (en droit une infinité) se
dirigent vers le passé et vers l'avenir et visent les
états et les actions qui ne sont pas présentement
donnés. Ceux qui ont quelque connaissance de la
Phénoménologie comprendront sans peine que
l'Ego soit à la fois une unité idéale d'états dont la

67. Parce que « c'est comme objet que j'apparais à autrui », ainsi
que le montre *L'Être et le Néant*, p. 276.

majorité sont absents et une totalité concrète se
donnant tout entière à l'intuition : cela signifie
simplement que l'Ego est une unité noématique
et non noétique. Un arbre ou une chaise n'existent
pas autrement. Naturellement les intentions vïdes
peuvent toujours être remplies et n'importe quel
état, n'importe quelle action peut toujours réap-
paraître à la conscience comme étant ou ayant été
produite par l'Ego.

Enfin, ce qui empêche radicalement d'acquérir
de réelles connaissances sur l'Ego, c'est la façon
toute spéciale dont il se donne à la conscience
réflexive. En effet, l'Ego n'apparaît jamais que
lorsqu'on ne le regarde pas. Il faut que le regard
réflexif se fixe sur l'« Erlebnis », en tant qu'elle
émane de l'état. Alors, derrière l'état, à l'horizon,
l'Ego paraît. Il n'est donc jamais vu que « du coin
de l'œil ». Dès que je tourne mon regard vers lui
et que je veux l'atteindre sans passer par « l'Erlebnis » et l'état, il s'évanouit. C'est qu'en effet en
cherchant à saisir l'Ego pour lui-même et comme
objet direct de ma conscience, je retombe sur le
plan irréfléchi et l'Ego disparaît avec l'acte réflexif.
De là cette impression d'incertitude agaçante, que
beaucoup de philosophes traduisent en mettant le
Je en deçà de l'état de conscience et en affirmant
que la conscience doit se retourner sur elle-même
pour apercevoir le Je qui est derrière elle. Ce n'est
pas cela : mais *par nature* l'Ego est fuyant.

Il est certain cependant que le Je paraît sur le
plan irréfléchi. Si l'on me demande « Que faites-
vous ? » et que je réponde, tout occupé « J'essaie

d'accrocher ce tableau » ou « Je répare le pneu arrière », ces phrases ne nous transportent pas sur le plan de la réflexion, je les prononce sans cesser de travailler, sans cesser d'envisager uniquement les actions, en tant qu'elles sont faites ou à faire, — non pas en tant que je les fais. Mais ce « Je » dont il est ici question n'est pourtant pas une simple forme syntaxique. Il a un sens ; c'est tout simplement un concept vide et destiné à rester vide. De même que je puis penser une chaise en l'absence de toute chaise et par simple concept, de même je peux penser le Je en l'absence du Je. C'est ce que rend évident la considération de phrases telles que : « Que faites-vous cette après-midi ? » « Je vais au bureau », ou « J'ai rencontré mon ami Pierre », ou « Il faut que je lui écrive », etc., etc. Mais le Je, en tombant du plan réfléchi au plan irréfléchi, ne se vide pas simplement. Il se dégrade : il perd son *intimité*. Le concept ne saurait être jamais rempli par les données de l'intuition car il vise maintenant autre chose qu'elles. Le Je que nous trouvons ici est en quelque sorte le support des actions que (je) fais ou dois faire dans le monde en tant qu'elles sont des qualités du monde et non pas des unités de consciences. Par exemple : le bois *doit* être cassé en petits morceaux pour que le feu prenne. Il le *doit* : c'est une qualité du bois et un rapport objectif du bois au feu qui *doit* être allumé. A présent *je* casse le bois, c'est-à-dire que l'action se réalise dans le monde et le soutien objectif et vide de cette action c'est le *Je-concept*. Voilà pourquoi le corps et les images du corps peuvent consommer la dégradation totale du Je concret de la réflexion au Je-concept en servant à celui-ci de remplissement illusoire [68]. Je dis « Je » casse du bois, et je vois et sens l'objet « corps » en train de casser le bois. Le corps sert alors de symbole visible et tangible pour le Je. On voit donc la série de réfractions et de dégradations dont une « égologie » devrait s'occuper.

Plan réfléchi
- Conscience réfléchie — immanence — intériorité.
- Ego intuitif — transcendance — intimité.
- (domaine du psychique).

Plan irréfléchi
- Je-concept (facultatif) — vide transcendant — sans « intimité ».
- Corps comme remplissement illusoire du Je-concept.
- (domaine du psycho-physique).

E) LE JE ET LA CONSCIENCE DANS LE *COGITO*.

On pourra se demander pourquoi le Je paraît à l'occasion du Cogito puisque le cogito, s'il est opéré correctement, est appréhension d'une conscience pure, sans constitution d'état ni d'action. A vrai dire le Je n'est pas nécessaire ici, puisqu'il

68. Cf. *L'Être et le Néant*, 3ᵉ partie, ch. 2 : « Le corps », pp. 368-430. « La profondeur d'être de mon corps pour-moi c'est ce perpétuel « dehors » de mon « dedans » le plus intime », p. 419.

n'est jamais unité directe des consciences. On peut même supposer une conscience opérant un acte réflexif pur qui la livrerait à elle-même comme spontanéité non-personnelle. Seulement il faut considérer que la réduction phénoménologique n'est jamais parfaite. Ici interviennent une foule de motivations psychologiques. Lorsque Descartes effectue le Cogito, il l'effectue en liaison avec le doute méthodique, avec l'ambition de « faire avancer la science », etc., qui sont des *actions* et des *états*. Ainsi la méthode cartésienne, le doute, etc., se donnent par nature comme les entreprises d'un *Je*. Il est tout à fait naturel que le *Cogito*, qui apparaît au terme de ces entreprises et *qui se donne comme logiquement lié au doute méthodique*, voie apparaître un Je à son horizon. Ce Je est une forme de liaison idéale, une manière d'affirmer que le Cogito est bien pris dans la même forme que le doute. En un mot le Cogito est impur, c'est une conscience spontanée, sans doute, mais qui reste liée synthétiquement à des consciences d'états et d'actions. La preuve en est que le Cogito se donne à la fois comme le résultat logique du doute et comme ce qui y met fin [69]. Une saisie réflexive de la conscience spontanée comme spontanéité non-personnelle exigerait d'être accomplie *sans aucune motivation* antérieure. Elle est toujours possible en droit, mais reste bien improbable ou, au moins, extrêmement rare dans notre

69. Sur l'entreprise de Descartes, se reporter à l'article de *Situations I* (Gallimard, 1947) intitulé « La liberté cartésienne », pp. 314-335.

condition d'hommes. De toute façon, comme nous l'avons dit plus haut, le Je qui paraît à l'horizon du « Je pense » ne se donne pas comme producteur de la spontanéité consciente. La conscience se produit en face de lui et va vers lui, va le rejoindre. C'est tout ce qu'on peut dire.

CONCLUSION

Nous voudrions en conclusion présenter simplement les trois remarques suivantes :

1° La conception de l'Ego que nous proposons nous paraît réaliser la libération du Champ transcendantal en même temps que sa purification.

Le Champ transcendantal, purifié de toute structure égologique, recouvre sa limpidité première. En un sens c'est un *rien* puisque tous les objets physiques, psycho-physiques et psychiques, toutes les vérités, toutes les valeurs sont hors de lui, puisque mon Moi a cessé, lui-même, d'en faire partie. Mais ce rien est *tout* puisqu'il est *conscience de* tous ces objets. Il n'est plus de « vie intérieure » au sens où Brunschvicg[70] oppose « vie intérieure »

---

70. Léon BRUNSCHVICG : *Vie intérieure et Vie spirituelle*, Communication au Congrès international de Philosophie de Naples (mai 1924), reproduite dans la *Revue de Métaphysique et de Morale*, avril-juin 1925, puis recueillie dans : *Écrits philosophiques*, t. II, P.U.F., 1954.

et « vie spirituelle », parce qu'il n'est plus rien qui soit *objet* et qui puisse en même temps appartenir à l'intimité de la conscience. Les doutes, les remords, les prétendues « crises de conscience », etc., bref toute la matière des journaux intimes deviennent de simples *représentations*. Et peut-être pourrait-on tirer de là quelques sains préceptes de discrétion morale. Mais, en outre, il faut noter que, de ce point de vue, mes sentiments et mes états, mon Ego lui-même, cessent d'être ma propriété exclusive. Précisons : jusqu'ici on faisait une distinction radicale entre l'objectivité d'une chose spatio-temporelle ou d'une vérité éternelle et la subjectivité des « états » psychiques. Il semblait que le sujet eût une position privilégiée par rapport à ses propres états. Quand deux hommes, selon cette conception, parlent d'une même chaise, ils parlent bien d'une *même* chose, cette chaise que l'un prend et soulève, c'est *la même* que celle que l'autre voit, il n'y a pas simple correspondance d'images, il y a un seul objet. Mais il semblait que lorsque Paul essayait de comprendre un état psychique de Pierre, il ne pouvait pas *atteindre* cet état, dont la saisie intuitive appartenait au seul Pierre. Il ne pouvait qu'envisager un équivalent, créer des concepts vides qui tentaient vainement d'atteindre une réalité soustraite par essence à l'intuition. La compréhension psychologique se faisait par analogie. La phénoménologie est venue nous apprendre que les *états* sont des objets [71],

71. Toute *Erlebnis* est accessible à la réflexion : cette affirmation explique le renouvellement de la psychologie dû à la méthode des-

qu'un sentiment en tant que tel (un amour ou une haine) est un objet transcendant et ne saurait se contracter dans l'unité d'intériorité d'une « conscience ». Par suite, si Pierre et Paul parlent tout deux de l'amour de Pierre, par exemple, il n'est plus vrai que l'un parle en aveugle et par analogie de ce que l'autre saisit en plein. Ils parlent de la même chose ; ils la saisissent sans doute par des procédés différents, mais ceux-ci peuvent être également intuitifs. Et le sentiment de Pierre n'est pas plus *certain* pour Pierre que pour Paul. Il appartient pour l'un et pour l'autre à la catégorie des objets qu'on peut révoquer en doute. Mais toute cette conception profonde et nouvelle reste compromise si le Moi de Pierre, ce Moi qui hait ou qui aime, demeure une structure essentielle de la conscience. Le sentiment, en effet, lui demeure attaché. Ce sentiment « colle » au Moi. Si l'on attire le Moi dans la conscience on attire le sentiment avec lui. Il nous a paru au contraire que le Moi était un objet transcendant comme l'*état* et que, de ce fait, il était accessible à deux sortes d'intuition : une saisie intuitive par la conscience *dont il est le Moi,* une saisie intuitive moins claire, mais non moins intuitive, par d'autres consciences. En un mot, le Moi de Pierre est accessible à mon intuition comme à celle de Pierre et dans les deux

criptive phénoménologique. Elle fonde en effet les études réflexives de l'irréfléchi que sont celles de l'émotion, ou de l'imaginaire, ou encore celles de *L'Être et le Néant.* Ces dernières ne sont en effet rien d'autre que la mise en œuvre des conclusions de l'*Essai sur la transcendance de l'Ego.* Il en allait de même pour l'étude non publiée sur *La Psyché.*

cas il est l'objet d'une évidence inadéquate. S'il en est ainsi, il ne reste plus rien « d'impénétrable » chez Pierre, si ce n'est sa conscience même. Mais celle-ci l'est *radicalement*. Nous voulons dire qu'elle n'est pas seulement réfractaire à l'intuition, mais à la pensée. Je ne puis *concevoir* la conscience de Pierre sans en faire un objet (puisque je ne la conçois pas comme étant *ma conscience*). Je ne puis la concevoir parce qu'il faudrait la penser comme intériorité pure et transcendance *à la fois*, ce qui est impossible. Une conscience ne peut concevoir d'autre conscience qu'elle-même. Ainsi pouvons-nous distinguer, grâce à notre conception du Moi, une sphère accessible à la psychologie, dans laquelle la méthode d'observation externe et la méthode introspective ont les mêmes droits et peuvent se prêter une aide mutuelle, — et une sphère transcendantale pure accessible à la seule phénoménologie.

Cette sphère transcendantale est une sphère d'existence *absolue*, c'est-à-dire de spontanéités pures, qui ne sont jamais objets et qui se déterminent elles-mêmes à exister. Le Moi étant objet, il est évident que je ne pourrai jamais dire : *ma* conscience, c'est-à-dire la conscience de mon *Moi* (sauf dans un sens purement désignatif comme on dit par exemple : le jour *de* mon baptême). L'Ego n'est pas propriétaire de la conscience, il en est l'objet. Certes nous constituons spontanément nos états et nos actions comme des productions de l'Ego. Mais nos états et nos actions sont aussi des objets. Nous n'avons jamais d'intuition directe de la spontanéité d'une conscience instantanée comme produite par l'Ego. Cela serait impossible. C'est seulement sur le plan des significations et des hypothèses psychologiques que nous pouvons concevoir une semblable production, — et cette erreur n'est possible que parce que sur ce plan l'Ego et la conscience sont *à vide*. En ce sens, si l'on comprend le « *Je pense* » de manière à faire de la pensée une production du Je, on a déjà constitué la pensée en passivité et en *état*, c'est-à-dire en objet ; on a quitté le plan de la réflexion pure, dans laquelle l'Ego apparaît sans doute mais à *l'horizon* de la spontanéité. L'attitude réflexive est exprimée correctement par cette fameuse phrase de Rimbaud (dans la lettre du voyant) « Je est *un autre* ». Le contexte prouve qu'il a simplement voulu dire que la spontanéité des consciences ne saurait émaner du Je, elle *va vers* le Je, elle le rejoint, elle le laisse entrevoir sous son épaisseur limpide mais elle se donne avant tout comme spontanéité *individuée* et *impersonnelle*. La thèse communément acceptée, selon laquelle nos pensées jailliraient d'un inconscient impersonnel et se « personnaliseraient » en devenant conscientes, nous paraît une interprétation grossière et matérialiste d'une intuition juste. Elle a été soutenue par des psychologues [72] qui avaient fort bien compris que la conscience ne « sortait pas » du Je, mais qui ne pouvaient accepter l'idée d'une spontanéité se produisant elle-même. Ces psychologues

---

72. Sartre fait ici allusion aux Freudiens.

ont donc naïvement imaginé que les consciences spontanées « sortaient » de l'inconscient où elles existaient déjà, sans s'apercevoir qu'ils n'avaient fait que reculer le problème de l'existence, qu'il faut bien finir par formuler et qu'ils l'avaient obscurci puisque l'existence antérieure des spontanéités dans les limites préconscientes serait nécessairement une existence *passive*.

Nous pouvons donc formuler notre thèse : la conscience transcendantale est une spontanéité impersonnelle. Elle se détermine à l'existence à chaque instant, sans qu'on puisse rien concevoir *avant elle*. Ainsi chaque instant de notre vie consciente nous révèle une création ex nihilo. Non pas un *arrangement* nouveau, mais une existence nouvelle. Il y a quelque chose d'angoissant pour chacun de nous, à saisir ainsi sur le fait cette création inlassable d'existence dont *nous* ne sommes pas les créateurs. Sur ce plan l'homme a l'impression de s'échapper sans cesse, de se déborder, de se surprendre par une richesse toujours inattendue, et c'est encore l'inconscient qu'il charge de rendre compte de ce dépassement du Moi par la conscience. De fait le Moi ne peut rien sur cette spontanéité, car *la volonté est un objet qui se constitue pour et par cette spontanéité*. La volonté se dirige sur les états, sur les sentiments ou sur les choses, mais elle ne se retourne jamais sur la conscience. On s'en rend bien compte dans les quelques cas où l'on essaye de *vouloir* une conscience (je *veux* m'endormir, je ne *veux* plus penser à cela, etc.). Dans ces différents cas il est néces-

saire *par essence* que la volonté soit maintenue et
conservée *par la conscience radicalement opposée*
à celle qu'elle voulait faire naître (si je *veux* m'endormir, je reste éveillé, — si je ne veux pas penser
à tel ou tel événement, j'y pense *précisément pour
cela*). Il nous semble que cette spontanéité mons-
trueuse est à l'origine de nombreuses psychasthé-
nies. La conscience s'effraie de sa propre spontanéité parce qu'elle la sent *au delà* de la liberté [73].
C'est ce qu'on peut voir clairement sur un exemple de Janet [74]. Une jeune mariée avait la terreur,

---

73. Il semble qu'à l'époque où Sartre écrivait l'*Essai sur l'Ego*
(1934), il ne donnait pas encore au concept de liberté l'extension qui
sera la sienne dans *L'Être et le Néant*. Sinon, comment comprendre une phrase comme : « La conscience s'effraie de sa propre
spontanéité parce qu'elle la sent au-delà de la liberté » ? La liberté,
ici, se comprend par analogie avec la responsabilité et la volonté,
auxquelles il a été fait allusion, c'est-à-dire qu'elle est restreinte à
la sphère transcendante de l'éthique. Par conséquent, Sartre peut y
voir, selon son expression dans cet *Essai*, un « cas spécial » à
l'intérieur du champ transcendantal que constituent les spontanéités
immédiates. La liberté est à la spontanéité ce que l'Ego et le psychique en général sont à la conscience transcendantale impersonnelle.

Dans *L'Être et le Néant*, liberté et spontanéité se sont rejointes. La
liberté est devenue coextensive à toute la conscience. Bien sûr, la
liberté est *aussi* un concept éthique — c'est même le concept fondateur de l'éthique — en tant que mon acte en est l'expression.
Mais l'acte libre se fonde sur une liberté plus sauvage, qui n'est
autre que la structure même de la conscience dans sa pure translucidité. Plus qu'un concept, la liberté est « l'étoffe de mon être »,
elle me traverse de part en part.

Cf. *L'Être et le Néant*, IV, 1 : « Être et Faire : la liberté »,
pp. 508-642.

74. Cet exemple est emprunté à l'ouvrage de P. JANET intitulé *Les
névroses*.

Ce qu'en dit Sartre, et ce qu'il dit de l'inconscient en général
dans l'*Essai sur l'Ego* permet de mesurer la distance qui le sépare
actuellement de ses positions de 1934, en ce qui concerne la psychanalyse. Il faut souligner l'importance de ce changement. L'évolution
est déjà nette quand Sartre publie son étude sur *Baudelaire* (1947) ;
aujourd'hui il a totalement reconsidéré les problèmes que posent

quand son mari la laissait seule, de se mettre à la
fenêtre et d'interpeller les passants à la façon des
prostituées. Rien dans son éducation, dans son
passé, ni dans son caractère ne peut servir d'explication à une crainte semblable. Il nous paraît simplement qu'une circonstance sans importance (lecture, conversation, etc.) avait déterminé chez elle
ce qu'on pourrait appeler un vertige de la possibilité. Elle se trouvait monstrueusement libre et
cette liberté vertigineuse lui apparaissait *à l'occasion* de ce geste qu'elle avait peur de faire. Mais ce
vertige n'est compréhensible que si la conscience
s'apparaît soudain à elle-même comme débordant
infiniment dans ses possibilités le Je qui lui sert
d'unité à l'ordinaire.

Peut-être, en effet, la fonction essentielle de
l'Ego n'est-elle pas tant théorique que pratique.
Nous avons marqué, en effet, qu'il ne resserre pas
l'unité des phénomènes, qu'il se borne à refléter
une unité *idéale*, alors que l'unité concrète et réelle
est opérée depuis longtemps. Mais peut-être son
rôle essentiel est-il de masquer à la conscience sa
propre spontanéité [75]. Une description phénoméno-

névroses et psychoses, et il ne les expliquerait certainement pas de
façon aussi simpliste qu'en 1934. Il estime en particulier enfantine
son ancienne interprétation de l'attitude névrosée de « la jeune
mariée » soignée par Janet ; il ne dirait plus que « rien dans son
éducation, dans son passé ni dans son caractère ne peut servir
d'explication », il abandonnerait ici la notion d'explication pour
celle de *compréhension dialectique* qui doit nécessairement s'opérer
à partir de ce passé, cette éducation, ce caractère.

Simone de Beauvoir dans *La Force de l'âge* donne les raisons
qu'avait autrefois Sartre de récuser la psychanalyse ; se reporter
aux pp. 25-26 et 133.

75. D'où la possibilité ontologique des conduites de mauvaise foi.

logique de la spontanéité montrerait, en effet, que celle-ci rend impossible toute distinction entre action et passion et toute conception d'une autonomie de la volonté. Ces notions n'ont de signification que sur un plan où toute activité se donne comme émanant d'une passivité qu'elle transcende, bref sur un plan où l'homme se considère à la fois comme sujet et comme objet. Mais c'est une nécessité d'essence qu'on ne puisse distinguer entre spontanéité volontaire et spontanéité involontaire.

Tout se passe donc comme si la conscience constituait l'Ego comme une fausse représentation d'elle-même, comme si elle s'hypnotisait sur cet Ego qu'elle a constitué, s'y absorbait, comme si elle en faisait sa sauvegarde et sa loi : c'est grâce à l'Ego, en effet, qu'une distinction pourra s'effectuer entre le possible et le réel, entre l'apparence et l'être, entre le voulu et le subi.

Mais il peut arriver que la conscience se produise soudain elle-même sur le plan réflexif pur. Non pas peut-être sans Ego mais comme échappant à l'Ego de toutes parts, comme le dominant et la soutenant hors d'elle par une création continuée. Sur ce plan il n'y a plus de distinction entre le possible et le réel puisque l'apparence est l'absolu. Il n'y a plus de barrières, plus de limites, plus rien qui dissimule la conscience à elle-même. Alors la conscience, s'apercevant de ce qu'on pourrait appeler la fatalité de sa spontanéité [76], s'angoisse

76. Cf. *L'Être et le Néant*, IV, 1, 3 : « Liberté et responsabilité », pp. 633 sqq. « L'homme étant condamné à être libre, porte le poids du monde tout entier sur ses épaules ; il est responsable du monde et de lui-même en tant que manière d'être ».

tout à coup : c'est cette angoisse absolue et sans remèdes, cette peur de soi, qui nous paraît constitutive de la conscience pure et c'est elle qui donne la clé du trouble psychasthénique dont nous parlions. Si le Je du Je pense est la structure première de la conscience, cette angoisse est impossible. Si, au contraire, on adopte notre point de vue, non seulement nous avons une explication cohérente de ce trouble, mais encore nous tenons un motif permanent d'effectuer la réduction phénoménologique. On sait que Fink, dans son article des *Kantstudien*, avoue non sans mélancolie que, tant qu'on demeure dans l'attitude « naturelle », il n'y a *pas de raison*, pas de « motif » pour pratiquer l' ἐποχή. En effet, cette attitude naturelle est parfaitement cohérente et l'on ne saurait y trouver de ces contradictions qui, d'après Platon, conduisaient le philosophe à faire une conversion philosophique. Ainsi l' ἐποχή apparaît dans la phénoménologie de Husserl comme un miracle. Husserl lui-même, dans les *Méditations cartésiennes*, fait une allusion très vague à certains motifs psychologiques qui conduiraient à effectuer la réduction. Mais ces motifs ne semblent guère suffisants et surtout la réduction ne paraît pouvoir s'opérer qu'au terme d'une longue étude ; elle apparaît donc comme une opération *savante*, ce qui lui confère une sorte de gratuité. Au contraire, si « l'attitude naturelle » apparaît tout entière comme un effort que la conscience fait pour s'échapper à elle-même en se projetant dans le Moi et en s'y absorbant, et si cet effort n'est jamais complètement récompensé, s'il suffit d'un acte de simple réflexion pour que la spontanéité consciente s'arrache brusquement du Je et se donne comme indépendante, l'ἐποχή n'est plus un miracle, elle n'est plus une méthode intellectuelle, un procédé savant : c'est une angoisse qui s'impose à nous et que nous ne pouvons éviter, c'est à la fois un événement pur d'origine transcendantale et un accident toujours possible de notre vie quotidienne.

2° Cette conception de l'Ego nous paraît la seule réfutation possible du solipsisme.[77]. La réfutation

77. Cf. *L'Être et le Néant*, III, 1 : « L'écueil du solipsisme », (p. 277), en particulier le chapitre 3 : « Husserl, Hegel, Heidegger » (p. 288) où Sartre développe et critique les essais de réfutation du solipsisme exposés par Husserl dans *Logique formelle et logique transcendantale* et dans les *Méditations cartésiennes*. Sartre reconnaît que la solution proposée par l'*Essai sur la transcendance de l'Ego* est insuffisante : « J'avais cru, autrefois, pouvoir échapper au solipsisme en refusant à Husserl l'existence de son « Ego » transcendantal. Il me semblait alors qu'il ne demeurait plus rien dans ma conscience qui fut privilégié par rapport à autrui, puisque je le vidais de son sujet. Mais en fait, bien que je demeure persuadé que l'hypothèse d'un sujet transcendantal est inutile et néfaste, son abandon ne fait pas avancer d'un pas la question de l'existence d'autrui. Si même, en dehors de l'Ego empirique, il n'y avait *rien d'autre* que la conscience de cet Ego — c'est-à-dire un champ transcendantal sans sujet — il n'en demeurerait pas moins que mon affirmation d'autrui postule et réclame l'existence par-delà le monde d'un semblable champ transcendantal ; et, par suite, la seule façon d'échapper au solipsisme serait, ici encore, de prouver que ma conscience transcendantale, dans son être même, est affectée par l'existence extramondaine d'autres consciences de même type. Ainsi, pour avoir réduit l'être à une série de significations, la seule liaison que Husserl a pu établir entre mon être et celui d'autrui est celle de la *connaissance* ; il ne saurait donc, pas plus que Kant, échapper au solipsisme » (p. 291).

Il faut avoir recours, pour écarter définitivement le solipsisme, à l'intuition de Hegel qui consiste à « me faire dépendre de l'autre en mon être », et la radicaliser. Sartre donne ses conclusions pp. 307 sqq.

Cf. Texte cité, appendice n° 8.

que Husserl présente dans *Formale und Transzen-dantale Logik* et dans les *Méditations cartésiennes* ne nous paraît pas pouvoir atteindre un solipsiste déterminé et intelligent. Tant que le Je demeure une structure de la conscience, il restera toujours possible d'opposer la conscience avec son Je à tous les autres existants. Et finalement c'est bien *Moi* qui produit le monde. Peu importe si certaines couches de ce monde nécessitent par leur nature même une relation à autrui. Cette relation peut être une simple qualité du monde que je crée et ne m'oblige nullement à accepter l'existence réelle d'autres Je.

Mais si le Je devient un transcendant, il participe à toutes les vicissitudes du monde. Il n'est pas un absolu, il n'a point créé l'univers, il tombe comme les autres existences sous le coup de l'ἐποχή ; et le solipsisme devient impensable dès lors que le Je n'a plus de position privilégiée. Au lieu de se formuler, en effet : « J'existe seul comme absolu », il devrait s'énoncer : « La conscience absolue existe seule comme absolue », ce qui est évidemment un truisme. Mon *Je*, en effet, *n'est pas plus certain pour la conscience que le Je des autres hommes*. Il est seulement plus intime.

3° Les théoriciens d'extrême-gauche ont parfois reproché à la phénoménologie d'être un idéalisme et de noyer la réalité dans le flot des idées. Mais si l'idéalisme c'est la philosophie sans mal de M. Brunschvicg, si c'est une philosophie où l'effort

d'assimilation spirituelle [78] ne rencontre jamais de
résistances extérieures, où la souffrance, la faim,
la guerre se diluent dans un lent processus d'unification des idées, rien n'est plus injuste que d'appeler les phénoménologues des idéalistes. Il y a des
siècles, au contraire, qu'on n'avait senti dans la
philosophie un courant aussi réaliste. Ils ont
replongé l'homme dans le monde, ils ont rendu
tout leur poids à ses angoisses et à ses souffrances,
à ces révoltes aussi. Malheureusement, tant que le
Je restera une structure de la conscience absolue,
on pourra encore reprocher à la phénoménologie
d'être une « doctrine-refuge », de tirer encore une
parcelle de l'homme hors du monde et de détour-
ner par là l'attention des véritables problèmes. Il
nous paraît que ce reproche n'a plus de raisons
d'être si l'on fait du Moi un existant rigoureusement contemporain du monde et dont l'existence
a les mêmes caractéristiques essentielles que le
monde. Il m'a toujours semblé qu'une hypothèse
de travail aussi féconde que le matérialisme histo-
rique n'exigeait nullement pour fondement l'absurdité qu'est le matérialisme métaphysique [79]. Il n'est
pas nécessaire, en effet, que *l'objet* précède *le sujet*
pour que les pseudo-valeurs spirituelles s'évanouis-
sent et pour que la morale retrouve ses bases dans
la réalité. Il suffit que le *Moi* soit contemporain
du Monde et que la dualité sujet-objet, qui est

---

78. C'est la « philosophie alimentaire » dénoncée par l'article sur
l'intentionnalité de *Situations I*.
Cf. Texte cité, appendice nº 5.
79. Sartre fait la critique de ce matérialisme absurde dans « Matérialisme et révolution », *Situations III*, pp. 135-228.

purement logique, disparaisse définitivement des préoccupations philosophiques. Le Monde n'a pas créé le Moi, le Moi n'a pas créé le Monde, ce sont deux objets pour la conscience absolue, impersonnelle, et c'est par elle qu'ils se trouvent reliés. Cette conscience absolue, lorsqu'elle est purifiée du Je, n'a plus rien d'un *sujet*, ce n'est pas non plus une collection de représentations : elle est tout simplement une condition première et une source absolue d'existence. Et le rapport d'interdépendance qu'elle établit entre le Moi et le Monde suffit pour que le Moi apparaisse comme « en danger » devant le Monde, pour que le Moi (indirectement et par l'intermédiaire des états) tire du Monde tout son contenu. Il n'en faut pas plus pour fonder philosophiquement une morale et une politique absolument positives [80].

80. De nombreux articles de *Situations* I à VI, les *Entretiens sur la politique*, et surtout la *Critique de la Raison dialectique* témoignent de la continuité chez Sartre des préoccupations éthiques et politiques ici fondées phénoménologiquement.

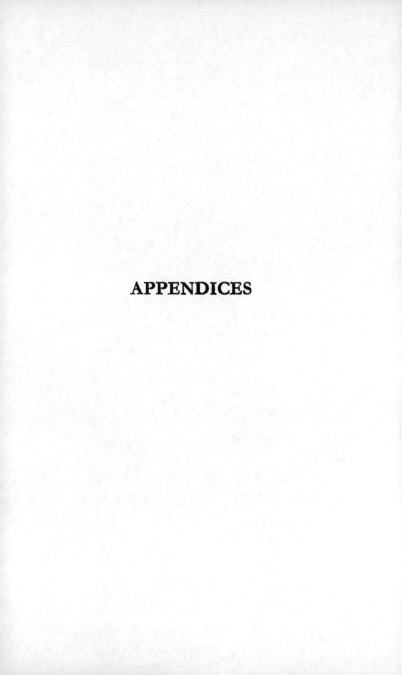

APPENDICES

Husserl. *Première Méditation cartésienne.*

§ 11. Le moi psychologique et le moi transcen-
    dantal.

La transcendance du monde.

Si je garde dans sa pureté ce qui, par la libre
ἐποχή à l'égard de l'existence du monde empirique,
s'offre à mon regard à moi, sujet méditant, je saisis un fait significatif : c'est que moi-même et ma
vie propre demeurent intacts (quant à la position
de leur être qui reste valable) quoi qu'il en soit de
l'existence ou de la non-existence du monde, et
quel que puisse être le jugement que je porterai
sur ce sujet. Ce moi et sa vie psychique, que je
garde nécessairement malgré l'ἐποχή, ne sont pas
une partie du monde : et si ce moi dit : Je suis,
Ego cogito, cela ne veut plus dire : Je, en tant que
cet homme, suis. « Moi », ce n'est plus l'homme qui
se saisit dans l'intuition naturelle de soi en tant
qu'homme naturel, ni encore l'homme qui, limité
par abstraction aux données pures de l'expérience
« interne » et purement psychologique, saisit son
propre *mens sive animus sive intellectus*, ni même
l'âme elle-même prise séparément. Dans ce mode
d'aperception « naturelle », moi et tous les autres

hommes servent d'objet aux sciences positives ou
objectives au sens ordinaire du terme, telles la
biologie, l'anthropologie et la *psychologie* empirique. La vie psychique, dont parle la psychologie,
a toujours été conçue comme vie psychique dans
le monde. Cela vaut manifestement aussi pour ma
vie propre, telle que nous pouvons la saisir et
l'analyser dans l'*expérience purement interne*. Mais
l'ἐποχή phénoménologique, telle que l'exige de
nous la marche des Méditations cartésiennes puri-
fiées, inhibe la valeur existentielle du monde
objectif et par là l'exclut totalement du champ de
nos jugements. Il en est de même de la valeur
existentielle de tous les faits objectivement consta-
tés par l'expérience externe aussi bien que de
ceux de l'expérience interne. Pour moi, sujet méditant, placé et persistant dans l'ἐποχή, et me posant
ainsi comme source exclusive de toutes les affirmations et de toutes les justifications objectives,
il n'est donc ni moi psychologique ni phénomènes
psychiques au sens de la psychologie, c'est-à-dire
compris comme des éléments réels d'êtres humains
(psycho-physiques).

Par l'ἐποχή phénoménologique, je réduis mon
moi humain naturel et ma vie psychique —
domaine de mon *expérience psychologique interne*
— à mon moi transcendantal et phénoménologique, domaine de l'*expérience interne transcendantale et phénoménologique*. Le monde objectif qui
existe pour moi, qui a existé ou qui existera pour
moi, ce monde objectif avec tous ses objets puise
en moi-même, ai-je dit plus haut, tout le sens et
toute la valeur existentielle qu'il a pour moi ; il

les puise dans mon *moi transcendantal*, que seule révèle l'ἐποχή phénoménologique transcendantale.

Ce concept de transcendantal et son corrélatif, le concept de transcendant, nous devrons les puiser exclusivement dans notre propre méditation philosophique. Remarquons à cet égard que, si le moi réduit n'est pas une partie du monde, de même, inversement, le monde et les objets du monde ne sont pas des parties réelles de mon moi. On ne peut les trouver dans ma vie psychique à titre de parties réelles de cette vie, comme un complexus de données sensorielles ou d'actes psychiques. Cette *transcendance* appartient au sens spécifique à l'être du monde *des Weltlichen*, encore que nous ne puissions donner à ce « monde » et à ses déterminations aucun autre sens que celui que nous tirons de nos expériences, représentations, pensées, jugements de valeur et d'actions ; de même que nous ne pouvons justifier l'attribution à ce monde d'une existence évidente qu'en partant de nos propres évidences et de nos propres actes. Si cette « transcendance » d'inhérence irréelle *irreellen Beschlossenseins* appartient au sens propre du monde, alors le moi lui-même, qui porte le monde en lui à titre d'unité de sens *Sinneseinheit* et qui par là-même en est une prémisse nécessaire, ce moi s'appelle *transcendantal* au sens phénoménologique de ce terme, et les problèmes philosophiques issus de cette corrélation, problèmes philosophiques transcendantaux.

Traduction Peiffer-Levinas,
Vrin, 1953, pp. 21-23.

(notes 12 et 46)

SARTRE. *L'Être et le Néant.*

Temporalité originelle et temporalité psychique :
la réflexion.

L'unité de ces êtres virtuels se nomme *la vie
psychique* ou *psychè*, en-soi virtuel et transcendant qui sous-tend la temporalisation du pour-soi.
La réflexion pure n'est jamais qu'une quasi-
connaissance ; mais de la Psychè seule il peut y
avoir connaissance réflexive. On retrouvera, naturellement, dans chaque objet psychique, les caractères du réfléchi réel, mais dégradé en En-soi.
C'est ce dont une brève description *a priori* de la
Psychè nous permettra de nous rendre compte.

1° Par Psychè nous entendons l'*Ego*, ses états,
ses qualités et ses actes. L'*Ego* sous la double
forme grammaticale du Je et du Moi représente
notre *personne*, en tant qu'unité psychique transcendante. Nous l'avons décrit ailleurs. C'est en tant
qu'*Ego* que nous sommes sujets de fait et sujets
de droit, actifs et passifs, agents volontaires, objets
possibles d'un jugement de valeur ou de responsabilité.

Les qualités de l'*Ego* représentent l'ensemble des virtualités, latences, puissances qui constituent notre caractère et nos habitus (au sens grec de ἕξις). C'est une « qualité » d'être coléreux, travailleur, jaloux, ambitieux, sensuel, etc. Mais il faut reconnaître aussi des qualités d'une autre sorte qui ont notre histoire pour origine et que nous appellerons habitudes : je peux être *vieilli, las, aigri*, diminué, en progrès, je peux m'apparaître comme « ayant acquis de l'assurance à la suite d'un succès » ou au contraire comme « ayant contracté peu à peu des goûts et des habitudes, une sexualité de malade » (à la suite d'une longue maladie).

Les *états* se donnent, en opposition avec les qualités qui existent « en puissance », comme existant en acte. La haine, l'amour, la jalousie sont des états. Une maladie, en tant qu'elle est saisie par le malade comme réalité psycho-physiologique, est un état. De la même façon, nombre de caractéristiques qui s'attachent de l'extérieur à ma personne, peuvent, en tant que je les vis, devenir des *états* : l'absence (par rapport à telle personne définie), l'exil, le déshonneur, le triomphe sont des états. On voit ce qui distingue la qualité de l'état : après ma colère d'hier, mon « irascibilité » survit comme simple disposition latente à me mettre en colère. Au contraire, après l'action de Pierre et le ressentiment que j'en ai éprouvé, ma haine survit comme une réalité *actuelle*, bien que ma pensée soit présentement occupée d'un autre objet. La qualité, en outre, est une disposition d'esprit innée

ou acquise qui contribue à *qualifier* ma personne.
L'état, au contraire, est beaucoup plus accidentel
et contingent : c'est *quelque chose qui m'arrive*. Il
existe cependant des intermédiaires entre états et
qualités : par exemple la haine de Pozzo di Borgo
pour Napoléon, bien qu'existant en fait et repré-
sentant un rapport affectif contingent entre Pozzo
et Napoléon Ier, était constitutive de la *personne*
Pozzo.

Par *actes* il faut entendre toute activité synthétique de la personne, c'est-à-dire toute disposition
de moyens en vue de fins, non en tant que le pour-
soi est ses propres possibilités, mais en tant que
l'acte représente une synthèse psychique transcendante qu'il doit vivre. Par exemple, l'entraînement
du boxeur est un acte parce qu'il déborde et soutient le Pour-soi qui, par ailleurs, se réalise dans et
par cet entraînement. Il en est de même pour la
quête du savant, pour le travail de l'artiste, pour
la campagne électorale du politicien. Dans tous ces
cas l'acte comme être psychique représente une
existence transcendante et la face objective du
rapport du Pour-soi avec le monde.

2º Le « Psychique » se donne uniquement à une
catégorie spéciale d'actes cognitifs : les actes du
Pour-soi réflexif. Sur le plan irréfléchi, en effet, le
Pour-soi est ses propres possibilités sur le mode
non-thétique et comme ses possibilités sont pré-
sences possibles au monde par-delà l'état donné
du monde, ce qui se révèle thétiquement mais non
thématiquement à travers elles, c'est un état du
monde ·synthétiquement lié à l'état donné. En

conséquence les modifications à apporter au monde se donnent thétiquement dans les choses présentes comme des potentialités objectives qui ont à se réaliser en empruntant notre corps comme instrument de leur réalisation. C'est ainsi que l'homme en colère voit sur le visage de son interlocuteur la qualité objective d'appeler un coup de poing. D'où l'expression de « tête à gifles », de « menton qui attire les coups », etc. Notre corps apparaît seulement ici comme un médium en transes. C'est par lui qu'a à se réaliser une certaine potentialité des choses (boisson-devant-être-bue, secours-devant-être-porté, bête-nuisible-devant-être-écrasée, etc.), la réflexion surgissant sur ces entrefaites saisit la relation ontologique du Pour-soi à ses possibles mais en tant qu'*objet*. Ainsi surgit *l'acte*, comme objet virtuel de la conscience réflexive. Il m'est donc impossible d'avoir en même temps et sur le même plan conscience *de* Pierre et *de* mon amitié pour lui : ces deux existences sont toujours séparées par une épaisseur de Pour-soi. Et ce Pour-soi lui-même est une réalité cachée : dans le cas de la conscience non-réfléchie, il est mais non thétiquement et il s'efface devant l'objet du monde et ses potentialités. Dans le cas du surgissement réflexif, il est dépassé vers l'objet virtuel que le réflexif a à être. Seule une conscience réflexive *pure* peut découvrir le Pour-soi réfléchi dans sa réalité. Nous nommons *Psychè* la totalité organisée de ces existants virtuels et transcendants qui font un cortège permanent à la réflexion impure et qui sont l'objet naturel des recherches *psychologiques*.

3° Les objets, quoique virtuels, ne sont pas des abstraits, ils ne sont pas visés à vide par le réflexif mais ils se donnent comme l'en-soi concret que le réflexif a à être par-delà le réfléchi. Nous appellerons *évidence* la présence immédiate et « en personne » de la haine, de l'exil, du doute méthodique au Pour-soi réflexif. Que cette présence existe, il suffit pour s'en convaincre de se rappeler les cas de notre expérience personnelle où nous avons essayé de nous rappeler un amour mort, une certaine atmosphère intellectuelle que nous avons vécue autrefois. Dans ces différents cas, nous avions nettement conscience de viser à *vide* ces différents objets. Nous pouvions en former des concepts particuliers, en tenter une description littéraire, mais nous savions qu'ils n'étaient pas là. Pareillement, il y a des périodes d'intermittence pour un amour vivant, pendant lesquelles nous *savons* que nous aimons mais nous ne le *sentons* point. Ces « intermittences du cœur » ont été fort bien décrites par Proust. Par contre il est possible de saisir à plein un amour, de le contempler. Mais il faut pour cela un mode d'être particulier du Pour-soi réfléchi : c'est *à travers* ma sympathie du moment devenue le réfléchi d'une conscience réflexive, que je puis appréhender mon amitié pour Pierre. En un mot, il n'est pas d'autre moyen de présentifier ces qualités, ces états ou ces actes que de les appréhender à travers une conscience réfléchie dont ils sont l'ombre portée et l'objectivation dans l'en-soi.

Mais cette possibilité de présentifier un amour

prouve mieux que tous les arguments la transcendance du psychique. Quand je découvre brusquement, quand je *vois* mon amour, je saisis du même
coup qu'il est *devant* la conscience. Je puis prendre des points de vue sur lui, le juger, je ne suis
pas engagé en lui comme le réfléxif dans le réfléchi.
De ce fait même, je l'appréhende comme *n'étant
pas* du Pour-soi. Il est infiniment plus lourd, plus
opaque, plus consistant que cette transparence
absolue. C'est pourquoi *l'évidence* avec laquelle le
psychique se donne à l'intuition de la réflexion
pure n'est pas apodictique. Il y a décalage en effet
entre le futur du Pour-soi réfléchi qui est constamment rongé et allégé par ma liberté et le futur
dense et menaçant de mon amour qui lui donne
précisément son sens d'amour. Si je ne saisissais
pas en effet dans l'objet psychique son futur
d'amour comme arrêté, serait-ce encore un amour ?
Ne tomberait-il pas au rang de *caprice* ? Et le
caprice lui-même n'engage-t-il pas l'avenir dans la
mesure où il se donne comme devant demeurer
caprice et ne jamais se changer en amour ? Ainsi
le futur toujours néantisé du Pour-soi empêche
toute détermination en soi du Pour-soi qui aime
ou qui hait ; et l'ombre projetée du Pour-soi réfléchi possède naturellement un futur dégradé en
en-soi et qui fait corps avec elle en déterminant
son sens. Mais en corrélation avec la néantisation
continuelle de Futurs réfléchis, l'ensemble psychique organisé avec son futur demeure seulement
probable. Et il ne faut pas entendre par là une
qualité externe qui viendrait d'une relation avec

ma connaissance et qui pourrait se transformer le cas échéant en certitude, mais une caractéristique ontologique.

4° L'objet psychique, étant l'ombre portée du Pour-soi réfléchi, possède en dégradé les caractères de la conscience. En particulier il apparaît comme une totalité achevée et probable là où le Pour-soi se fait exister dans l'unité diasporique d'une totalité détotalisée. Cela signifie que le psychique appréhendé à travers les trois dimensions ek-statiques de la temporalité, apparaît comme constitué par la synthèse d'un Passé, d'un Présent et d'un avenir. Un amour, une entreprise est l'unité organisée de ces trois dimensions. Il ne suffit pas de dire, en effet, qu'un amour « a » un avenir, comme si le futur était extérieur à l'objet qu'il caractérise : mais l'avenir fait partie de la forme organisée d'écoulement « amour », car c'est son être au futur qui donne à l'amour son sens d'amour. Mais du fait que le psychique est en-soi, son présent ne saurait être fuite ni son avenir possibilité pure. Il y a, dans ces formes d'écoulement, une priorité essentielle du Passé, qui est ce que le Pour-soi *était* et qui suppose déjà la transformation du Pour-soi en En-soi. Le réflexif projette un psychique pourvu des trois dimensions temporelles, mais il constitue ces trois dimensions uniquement avec ce que le réfléchi *était*. Le futur est déjà : sinon comment mon amour serait-il amour ? Seulement il n'est pas *donné* encore : c'est un « maintenant » qui n'est pas encore dévoilé. Il perd donc son caractère de *possibilité-que-j'ai-à-être* :

mon amour, ma joie n'ont pas à être leur futur, ils le sont dans la tranquille indifférence de la juxta-position, comme ce stylo est à la fois plume et, là-bas, capuchon. Le Présent, pareillement, est saisi dans sa qualité réelle d'*être-là*. Seulement cet être-là est constitué en ayant-été-là. Le Présent est déjà tout constitué et armé de pied en cap, c'est un « maintenant » que l'instant apporte et rem-porte comme un costume tout fait ; c'est une carte qui sort du jeu et qui y rentre. Le passage d'un « maintenant » du futur au présent et du présent au passé ne lui fait subir aucune modification puis-que, de toute façon, futur ou non, il est déjà passé. C'est ce que manifeste bien le recours naïf que les psychologues font à l'inconscient pour distinguer les trois « maintenant » du psychique : on appel-lera *présent*, en effet, le maintenant qui est présent à la conscience. Ceux qui sont passés au futur ont exactement les mêmes caractères, mais ils atten-dent dans les limbes de l'inconscient et, à les prendre dans ce milieu indifférencié, il nous est impossible de discerner en eux le passé du futur : un souvenir qui survit dans l'inconscient est un « maintenant » passé, et, à la fois, en tant qu'il attend d'être évoqué, un « maintenant » futur. Ainsi la forme psychique n'est pas « *à être* », elle est déjà *faite* ; elle est déjà tout entière, passé, présent, avenir, sur le mode « *a été* ». Il ne s'agit plus, pour les « maintenant » qui la composent, que de subir, un à un, avant de retourner au passé, le baptême de la conscience.

Il en résulte qu'en la forme psychique coexistent

deux modalités d'être contradictoires, puisque, à la fois, elle est *déjà faite* et qu'elle apparaît dans l'unité cohésive d'un organisme et, à la fois, elle ne peut exister que par une succession de « maintenant » qui tendent chacun à s'isoler en en-soi. Cette joie, par exemple, passe d'un instant à l'autre parce que son futur existe déjà comme aboutissement terminal et sens *donné* de son développement, non comme ce qu'elle a à être, mais ce qu'elle « a été » déjà dans l'avenir.

III

(note 15)

HUSSERL. *Idées directrices pour une phénoméno-logie.*

§ 57. Le Moi pur est-il mis hors circuit ?

Des difficultés se produisent en un point critique (Grenzpunkte). L'homme pris comme être naturel et comme personne liée aux autres par un lien personnel, celui de la « société », est mis hors circuit ; de même tout être animé. Qu'en est-il alors du *moi pur* ? La réduction phénoménologique fait-elle également du moi phénoménologique qui découvre les choses un néant de conscience ? Procédons à la réduction de toutes choses au flux de la conscience pure. Dans la réflexion toute cogitatio que l'on opère prend la forme explicite du cogito. Perd-elle cette forme quand nous exerçons la réduction transcendantale ?

Un point du moins est clair dès le début : une fois exécutée cette réduction, si nous parcourons le flux des multiples vécus qui seul subsiste à titre de résidu transcendantal, nous ne nous heurtons nulle part au moi pur comme à un vécu parmi d'autres vécus ni même comme un fragment original d'un vécu, qui naîtrait avec le vécu dont il serait un fragment et s'évanouirait à nouveau avec lui. Le moi paraît être là constamment, même nécessairement, et cette permanence n'est manifestement pas celle d'un vécu qui s'entête stupidement, d'une « idée fixe ». Il appartient plutôt à tout vécu qui survient et s'écoule ; son « regard » se porte sur l'objet « à travers » (durch) tout cogito actuel. Le rayon de ce regard (Blickstrahl) varie avec chaque cogito, surgit à nouveau avec un nouveau cogito et s'évanouit avec lui. Mais le moi demeure identique. Du moins, à considérer les choses dans le principe, *toute* cogitatio peut changer, venir et passer, même s'il est loisible de douter qu'elle ait une caducité *nécessaire* et non pas seulement, comme nous le découvrons, une caducité *de fait.* Par contre le moi pur semble être un élément *nécessaire* ; l'identité absolue qu'il conserve à travers tous les changements réels et possibles des vécus ne permet pas de le considérer *en aucun sens comme une partie ou un moment réel* (reelles) des vécus mêmes.

Sa vie s'épuise en un sens particulier avec chaque cogito actuel ; mais tous les vécus de l'arrière-plan adhèrent à lui et lui à eux ; tous, en tant qu'ils appartiennent à un *unique* flux du vécu qui est le mien, *doivent* pouvoir être convertis en cogitationes actuelles, ou y être inclus de façon immanente ; en langage kantien : « *le « je pense » doit pouvoir accompagner toutes mes représentations* ».

Si la mise hors circuit du monde et de la subjectivité empirique qui s'y rattache laisse pour résidu un moi pur, différent par principe avec chaque flux du vécu, avec lui se présente une transcendance *originale*, non constituée, *une transcendance au sein de l'immanence*. Étant donné le rôle absolument essentiel que cette transcendance joue au sein de chaque cogito, nous n'aurons pas le droit de la mettre hors circuit, quoique pour bien des études il sera possible de laisser en suspens les questions du moi pur. Mais c'est seulement dans la mesure où les propriétés eidétiques immédiates et susceptibles d'une observation évidente sont données conjointement à la conscience pure et n'en dépassent pas les bornes, que nous voulons mettre le moi pur au rang des data phénoménologiques ; par contre toutes les doctrines qui portent sur ce moi et sortent de ce cadre doivent subir la mise hors circuit. Nous aurons d'ailleurs l'occasion dans le deuxième tome de cet ouvrage de consacrer un chapitre particulier aux difficiles questions du moi pur et d'y affermir la position provisoire que nous avons prise ici.

Traduction RICŒUR, pp. 188-190.

© Éditions Gallimard.

IV

(note 15)

HUSSERL. *Quatrième Méditation cartésienne.*

§ 30. Les problèmes constitutifs de l'« ego »
transcendantal lui-même.

Les objets n'existent pour nous et ne sont ce
qu'ils sont que comme objets d'une conscience
réelle ou possible. Si cette proposition doit être
autre chose qu'une affirmation en l'air ou un sujet
de spéculations vides, elle doit être prouvée par
une explicitation phénoménologique correspondante.

Seule une recherche s'attaquant à la constitution au sens large, indiqué précédemment, et
ensuite au sens plus étroit que nous venons de
décrire, peut l'accomplir. Et cela, selon la seule
méthode possible, conforme à l'essence de l'intentionnalité et de ses horizons. Déjà les analyses
préparatoires qui nous conduisent à l'intelligence
du sens du problème mettent en lumière que l'*Ego*
transcendantal (et, si l'on considère sa réplique
psychologique, l'âme) est ce qu'il est uniquement
en rapport avec les objets intentionnels.

A ces derniers appartiennent également des objets à existence nécessaire ; et, en tant que l'*ego* se rapporte à un monde, non seulement les objets dans la sphère temporelle immanente, susceptible d'une justification adéquate, mais aussi les objets du monde qui justifient leur existence dans le déroulement concordant d'une expérience extérieure, inadéquate et présomptive. Il appartient donc à l'essence de l'*ego* de vivre toujours en des systèmes d'intentionalités et des systèmes de leur concordances, tantôt s'écoulant dans l'*ego*, tantôt formant des potentialités stables, pouvant toujours être réalisées. Chacun des objets que l'*ego* ait jamais visé, pensé, tout objet de son action ou de son jugement de valeur, qu'il ait imaginé et qu'il puisse imaginer — est un indice d'un tel système d'intentionnalités — et n'est que le corrélatif de ce système.

§ 31. Le « moi » comme pôle identique des « états vécus ».

Mais nous devons maintenant attirer l'attention sur une grande lacune de notre exposition. L'*ego* existe *pour lui-même* ; il *est* pour lui-même avec une évidence continue et, par conséquent, il se *constitue continuellement lui-même comme existant*. Mais nous n'avons touché jusqu'à présent qu'à un seul côté de cette constitution de soi-même ; nous n'avons dirigé notre regard que sur le *courant du cogito*. L'*ego* ne se saisit pas soi-même uniquement comme courant de vie, mais comme *moi,* moi qui vit ceci ou cela, moi *identi-que* qui vit tel ou tel *cogito.* Nous nous sommes occupés jusqu'à présent uniquement du rapport intentionnel entre la conscience et son objet, entre le *cogito* et le *cogitatum,* et n'avons pu que déga-ger la synthèse par laquelle les multiplicités de la conscience réelle et possible sont « polarisées » en objets identiques, et où les objets apparaissent comme « pôles », comme unités synthétiques. Une *deuxième espèce de polarisation* se présente à nous maintenant, une *autre espèce de synthèse* qui embrasse les multiplicités particulières des *cogi-tationes,* qui les embrasse toutes et d'une manière spéciale, à savoir comme *cogitationes* du moi iden-tique qui, *actif* ou *passif,* vit dans tous les états vécus de la conscience et qui, à travers ceux-ci, se rapporte à tous les *pôles-objets.*

Traduction PEIFFER-LEVINAS,
Vrin, 1953, pp. 55-56.

V

(notes 17 et 78)

Sartre. *Situations I.*

Une idée fondamentale de la phénoménologie de Husserl : l'intentionnalité.

« Il la mangeait des yeux ». Cette phrase et beaucoup d'autres signes marquent assez l'illusion commune au réalisme et à l'idéalisme, selon laquelle connaître, c'est manger. La philosophie française, après cent ans d'académisme, en est encore là. Nous avons tous lu Brunschvicg, Lalande et Meyerson, nous avons tous cru que l'Esprit-Araignée attirait les choses dans sa toile, les couvrait d'une bave blanche et lentement les déglutissait, les réduisait à sa propre substance. Qu'est-ce qu'une table, un rocher, une maison ? Un certain assemblage de « contenus de conscience », un ordre de ces contenus. O philosophie alimentaire ! Rien ne semblait pourtant plus évident : la table n'est-elle pas le contenu actuel de ma perception, ma perception n'est-elle pas l'état présent de ma conscience ? Nutrition, assimilation. Assimilation, disait M. Lalande, des choses aux idées, des idées entre elles et des esprits entre eux. Les puissantes arêtes du monde étaient rongées par ces diligentes diastases : assimilation, unification, identification.

En vain, les plus simples et les plus rudes parmi nous cherchaient-ils quelque chose de solide, quelque chose, enfin, qui ne fût pas l'esprit ; ils ne rencontraient partout qu'un brouillard mou et si distingué : eux-mêmes.

Contre la philosophie digestive de l'empirico-criticisme, du néo-kantisme, contre tout « psychologisme », Husserl ne se lasse pas d'affirmer qu'on ne peut pas dissoudre les choses dans la conscience. Vous voyez cet arbre-ci, soit. Mais vous le voyez à l'endroit même où il est : au bord de la route, au milieu de la poussière, seul et tordu sous la chaleur, à vingt lieues de la côte méditerranéenne. Il ne saurait entrer dans votre conscience, car il n'est pas de même nature qu'elle. Vous croyez ici reconnaître Bergson et le premier chapitre de *Matière et Mémoire*. Mais Husserl n'est point réaliste : cet arbre sur son bout de terre craquelé, il n'en fait pas un absolu qui entrerait, par après, en communication avec nous. La conscience et le monde sont donnés d'un même coup : extérieur par essence à la conscience, le monde est, par essence, relatif à elle. C'est que Husserl voit dans la conscience un fait irréductible qu'aucune image physique ne peut rendre. Sauf, peut-être, l'image rapide et obscure de l'éclatement. Connaître, c'est « s'éclater vers », s'arracher à la moite intimité gastrique pour filer, là-bas, par-delà soi, vers ce qui n'est pas soi, là-bas, près de l'arbre et cependant hors de lui, car il m'échappe et me repousse et je ne peux pas plus me perdre en lui qu'il ne se peut diluer en moi : hors de lui, hors de moi. Est-ce que vous ne reconnaissez pas dans cette description vos exigences et vos pressentiments ? Vous saviez bien que l'arbre n'était pas vous, que vous ne pouviez pas le faire entrer dans vos estomacs sombres et que la connaissance ne pouvait pas, sans malhonnêteté, se comparer à la possession. Du même coup, la conscience s'est purifiée, elle est claire comme un grand vent, il n'y a plus rien en elle, sauf un mouvement pour se fuir, un glissement hors de soi ; si, par impossible, vous entriez « dans » une conscience, vous seriez saisi par un tourbillon et rejeté au-dehors, près de l'arbre, en pleine poussière, car la conscience n'a pas de « dedans » ; elle n'est rien que le dehors d'elle-même et c'est cette fuite absolue, ce refus d'être substance, qui la constituent comme une conscience. Imaginez à présent une suite liée d'éclatements qui nous arrachent à nous-mêmes, qui ne laissent même pas à un « nous-mêmes » le loisir de se former derrière eux, mais qui nous jettent au contraire au-delà d'eux, dans la poussière sèche du monde, sur la terre rude, parmi les choses ; imaginez que nous sommes ainsi rejetés, délaissés par notre nature même dans un monde indifférent, hostile et rétif ; vous aurez saisi le sens profond de la découverte que Husserl exprime dans cette fameuse phrase : « Toute conscience est conscience de quelque chose ». Il n'en faut pas plus pour mettre un terme à la philosophie douillette de l'immanence, où tout se fait par compromis, échanges protoplasmiques, par une tiède chimie cellulaire. La philosophie de la transcendance nous jette sur la grand'route, au milieu des menaces, sous une aveuglante lumière. Être, dit Heidegger, c'est être-dans-le-monde. Comprenez cet « être-dans » au sens de mouvement. Être, c'est éclater dans le monde, c'est partir d'un néant de monde et de conscience pour soudain, s'éclater-consciencedans-le-monde. Que la conscience essaye de se reprendre, de coïncider enfin avec elle-même, tout au chaud, volet-clos, elle s'anéantit. Cette nécessité pour la conscience d'exister comme conscience d'autre chose que soi, Husserl la nomme « intentionnalité ».

J'ai parlé d'abord de la connaissance pour me faire mieux entendre : la philosophie française, qui nous a formés, ne connaît plus guère que l'épistémologie. Mais pour Husserl et les phénoménologues, la conscience que nous prenons des choses ne se limite point à leur connaissance. La connaissance ou pure « représentation » n'est qu'une des formes possibles de ma conscience « de » cet arbre ; je puis aussi l'aimer, la craindre, le haïr, et ce dépassement de la conscience par elle-même, qu'on nomme « intentionnalité », se retrouve dans la crainte, la haine et l'amour. Haïr autrui, c'est une manière encore de s'éclater vers lui, c'est se trouver soudain en face d'un étranger dont on vit, dont on souffre d'abord la qualité objective de « haïssable ». Voilà que, tout d'un coup, ces fameuses réactions « subjectives », haine, amour, crainte, sympathie, qui flottaient dans la saumure malodorante de l'Esprit, s'en arrachent ; elles ne sont que des manières de découvrir le monde. Ce sont les choses qui se dévoilent soudain à nous comme haïssables, sympathiques, horribles, aimables. C'est une *propriété* de ce masque japonais que d'être terrible, une inépuisable, irréductible propriété qui constitue sa nature même, — et non la somme de nos réactions subjectives à un morceau de bois sculpté. Husserl a réinstallé l'horreur et le charme dans les choses. Il nous a restitué le monde des artistes et des prophètes : effrayant, hostile, dangereux, avec des havres de grâce et d'amour. Il a fait la place nette pour un nouveau traité des passions qui s'inspirerait de cette vérité si simple et si profondément méconnue par nos raffinés : si nous aimons une femme, c'est parce qu'elle est aimable. Nous voilà délivrés de Proust. Délivrés en même temps de la « vie intérieure » : en vain chercherions-nous, comme Amiel, comme une enfant qui s'embrasse l'épaule, les caresses, le dorlotements de notre intimité, puisque finalement tout est dehors, tout, jusqu'à nous-mêmes : dehors, dans le monde, parmi les autres. Ce n'est pas dans je ne sais quelle retraite que nous nous découvrirons : c'est sur la route, dans la ville, au milieu de la foule, chose parmi les choses, homme parmi les hommes.

Écrit en janvier 1939.
N.R.F., pp. 31-35.
© Éditions Gallimard.

(notes 29, 39, 43)

SARTRE. *L'Être et le Néant.*

Introduction. III - Le cogito préréflexif et l'être du percipere.

(...)
La conscience peut connaître et se connaître. Mais elle est, en elle-même, autre chose qu'une connaissance retournée sur soi.

Toute conscience, Husserl l'a montré, est conscience *de* quelque chose. Cela signifie qu'il n'est pas de conscience qui ne soit *position* d'un objet transcendant, ou, si l'on préfère, que la conscience n'a pas de « contenu ». Il faut renoncer à ces « données » neutres qui pourraient, selon le système de références choisi, se constituer en « monde » ou en « psychique ». Une table n'est pas *dans* la conscience, même à titre de représentation. Une table est *dans* l'espace, à côté de la fenêtre, etc. L'existence de la table, en effet, est un centre d'opacité pour la conscience ; il faudrait un procès infini pour inventorier le contenu total d'une chose. Introduire cette opacité dans la conscience, ce serait renvoyer à l'infini l'inventaire qu'elle peut dresser d'elle-même, faire de la conscience une chose et refuser le cogito. La première démarche d'une philosophie doit donc être pour expulser les choses de la conscience et pour rétablir le vrai rapport de celle-ci avec le monde, à savoir que la conscience est conscience positionnelle *du* monde. Toute conscience est positionnelle en ce qu'elle se transcende pour atteindre un objet, et elle s'épuise dans cette position même : tout ce qu'il y a d'*intention* dans ma conscience actuelle est dirigé vers le dehors, vers la table ; toutes mes activités judicatives ou pratiques, toute mon affectivité du moment se transcendent, visent la table et s'y absorbent. Toute conscience n'est pas connaissance (il y a des consciences affectives, par exemple), mais toute conscience connaissante ne peut être connaissance que de son objet.

Pourtant la condition nécessaire et suffisante pour qu'une conscience connaissante soit connaissance *de* son objet, c'est qu'elle soit conscience d'elle-même comme étant cette connaissance. C'est une condition nécessaire : si ma conscience n'était pas conscience d'être conscience de table, elle serait donc conscience de cette table sans avoir conscience de l'être, ou, si l'on veut, une conscience qui s'ignorerait soi-même, une conscience inconsciente — ce qui est absurde. C'est une condition suffisante : il suffit que j'aie conscience d'avoir conscience de cette table pour que j'en aie en effet conscience. Cela ne suffit certes pas pour me permettre d'affirmer que cette table existe *en soi* — mais bien qu'elle existe *pour moi*.

Que sera cette conscience de conscience ? Nous subissons à un tel point l'illusion du primat de la connaissance, que nous sommes tout de suite prêts à faire de la conscience de conscience une *idea idea* à la manière de Spinoza, c'est-à-dire une connaissance de connaissance. Alain ayant à exprimer cette évidence : « Savoir, c'est avoir conscience de savoir », la traduit en ces termes : « Savoir, c'est savoir qu'on sait ». Ainsi aurons-nous défini la *réflexion* ou conscience positionnelle de la conscience, ou mieux encore *connaissance de la conscience*. Ce serait une conscience complète et dirigée vers quelque chose qui n'est pas elle, c'est-à-dire vers la conscience réfléchie. Elle se transcenderait donc et, comme la conscience positionnelle *du* monde, s'épuiserait à viser son objet. Seulement cet objet serait lui-même une conscience.

Il ne paraît pas que nous puissions accepter cette interprétation de la conscience de conscience. La réduction de la conscience à la connaissance, en effet, implique qu'on introduit dans la conscience la dualité sujet-objet, qui est typique de la connaissance. Mais si nous acceptons la loi du couple connaissant-connu, un troisième terme sera nécessaire pour que le connaissant devienne connu à son tour et nous serons placés devant ce dilemme : ou nous arrêter à un terme quelconque de la série : connu — connaissant-connu — connaissant connu du connaissant, etc. Alors c'est la totalité du phénomène qui tombe dans l'inconnu, c'est-à-dire que nous butons toujours contre une réflexion non-consciente de soi et terme dernier — ou bien nous affirmons la nécessité d'une régression à l'infini (idea ideae ideae, etc.), ce qui est absurde. Ainsi la nécessité de fonder ontologiquement la connaissance se doublerait ici d'une nécessité nouvelle, celle de la fonder épistémologiquement. N'est-ce pas qu'il ne faut pas introduire la loi du couple dans la conscience ? La conscience de soi n'est pas couple. Il faut, si nous voulons éviter la régression à l'infini, qu'elle soit rapport immédiat et non cognitif de soi à soi.

D'ailleurs la conscience réflexive pose la conscience réfléchie comme son objet : je porte, dans l'acte de réflexion, des jugements sur la conscience réfléchie, j'en ai honte, j'en suis fier, je la veux, je la refuse, etc. La conscience immédiate que je prends de percevoir ne me permet ni de juger, ni de vouloir, ni d'avoir honte. Elle ne *connaît* pas ma perception, elle ne la *pose* pas : tout ce qu'il y a d'intention dans ma conscience actuelle est dirigé vers le dehors, vers le monde. En revanche, cette conscience spontanée de ma perception est *constitutive* de ma conscience perceptive. En d'autres termes, toute conscience positionnelle d'objet est en même temps conscience non-positionnelle d'elle-même. Si je compte les cigarettes qui sont dans cet étui, j'ai l'impression du dévoilement d'une propriété objective de ce groupe de cigarettes : *elles sont douze*. Cette propriété apparaît à ma conscience comme une propriété existant dans le monde. Je puis fort bien n'avoir aucune conscience positionnelle de les compter. Je ne me « connais pas comptant ». La preuve en est que les enfants qui sont capables de faire une addition spontanément, ne peuvent pas *expliquer* ensuite *comment* ils s'y sont pris : les tests de Piaget qui le démontrent constituent une excellente réfutation de la formule d'Alain : Savoir, c'est savoir qu'on sait. Et pourtant, au moment où ces cigarettes se dévoilent à moi comme douze, j'ai une conscience non thétique de mon activité additive. Si l'on m'interroge, en effet, si l'on me demande : « Que faites-vous là ? » je répondrai aussitôt : « Je compte », et cette réponse ne vise pas seulement la conscience instantanée que je puis atteindre par la réflexion, mais celles qui sont passées sans avoir été réfléchies, celles qui sont pour toujours *irréfléchies* dans mon passé immédiat. Ainsi n'y a-t-il aucune espèce de primat de la réflexion avec la conscience réfléchie : ce n'est pas celle-là qui révèle celle-ci à elle-même. Tout au contraire, c'est la conscience non-réflexive qui rend la réflexion possible : il y a un cogito pré-réflexif qui est la condition du cogito cartésien. En même temps, c'est la conscience non-thétique de compter qui est la condition même de mon activité additive. S'il en était autrement, comment l'addition serait-elle le thème unificateur de ces consciences ? Pour que ce thème préside à toute une série de synthèses d'unifications et de récognitions, il faut qu'il soit présent à lui-même, non comme une chose, mais comme une intention opératoire qui ne peut exister que comme « révélante-révélée », pour employer une expression de Heidegger. Ainsi, pour compter, faut-il avoir conscience de compter.

Sans doute, dira-t-on, mais il y a cercle. Car ne faut-il pas que je compte *en fait* pour que je puisse avoir conscience de compter ? Il est vrai. Pourtant, il n'y a pas cercle, ou, si l'on veut, c'est la nature même de la conscience d'exister « en cercle ». C'est ce qui peut s'exprimer en ces termes : toute existence consciente existe comme conscience d'exister. Nous comprenons à présent pourquoi la conscience première de conscience n'est pas positionnelle : c'est qu'elle ne fait qu'un avec la conscience dont elle est conscience. D'un seul coup, elle se détermine comme conscience de perception et comme perception. Ces nécessités de la syntaxe nous ont obligé jusqu'ici à parler de la « conscience non positionnelle *de* soi ». Mais nous ne pouvons user plus longtemps de cette expression où le « *de soi* » éveille encore l'idée de connaissance. (Nous mettrons désormais le « de » entre parenthèses, pour indiquer qu'il ne répond qu'à une contrainte grammaticale).

Cette conscience (de) soi, nous ne devons pas la considérer comme une nouvelle conscience, mais comme *le seul mode d'existence qui soit possible pour une conscience de quelque chose*. De même qu'un objet étendu est contraint d'exister selon les trois dimensions, de même une intention, un plaisir, une douleur ne sauraient exister que comme conscience immédiate (d')eux-mêmes. L'être de l'intention ne peut être que conscience, sinon l'intention serait chose dans la conscience. Il ne faut donc pas entendre ici que quelque cause extérieure (un trouble organique, une impulsion inconsciente, une autre « erlebnis ») pourraient déterminer un événement psychique — un plaisir, par exemple — à se produire, et que cet événement ainsi déterminé dans sa structure matérielle serait astreint, d'autre part, à se produire comme conscience (de) soi. Ce serait faire de la conscience non thétique une *qualité* de la conscience positionnelle (au sens où la perception, conscience positionnelle de cette table, aurait par surcroît la qualité de conscience (de) soi) et retomber ainsi dans l'illusion du primat théorique de la connaissance. Ce serait, en outre, faire de l'événement psychique une chose, et la *qualifier* de conscient comme je peux qualifier, par exemple, ce buvard de rose. Le plaisir ne peut pas se distinguer — même logiquement — de la conscience de plaisir. La conscience (de) plaisir est constitutive du plaisir, comme le mode même de son existence, comme la matière dont il est fait et non comme une forme qui s'imposerait après coup à une matière hédoniste. Le plaisir ne peut exister « avant » la conscience de plaisir — même sous la forme de virtualité, de puissance. Un plaisir en puissance ne saurait exister que comme conscience (d')être en puissance, il n'y a de virtualités de conscience que comme conscience de virtualités.

Réciproquement, comme je le montrais tout à l'heure, il faut éviter de définir le plaisir par la conscience que j'en prends. Ce serait tomber dans un idéalisme de la conscience qui nous ramènerait par des voies détournées au primat de la connaissance. Le plaisir ne doit pas s'évanouir derrière la conscience qu'il a (de) lui-même : ce n'est pas une représentation, c'est un événement concret, plein et absolu. (...)

Ainsi, en renonçant au primat de la connaissance, nous avons découvert *l'être* du connaissant et rencontré l'absolu, cet absolu même que les rationalistes du XVIIe siècle avaient défini et constitué logiquement comme un objet de connaissance. Mais précisément, parce qu'il s'agit d'un absolu d'existence et non de connaissance, il échappe à cette fameuse objection selon laquelle un absolu connu n'est plus un absolu, parce qu'il devient relatif à la connaissance qu'on en prend. En fait, l'absolu est ici non pas le résultat d'une construction logique sur le plan de la connaissance, mais le sujet de la plus concrète expérience. Et il n'est point *relatif* à cette expérience, parce qu'il *est* cette expérience. Aussi est-ce un absolu non-substantiel. L'erreur ontologique du rationalisme cartésien, c'est de n'avoir pas vu que, si l'absolu se définit par le primat de l'existence sur l'essence, il ne saurait être conçu comme une substance. La conscience n'a rien de substantiel, c'est une pure « apparence », en ce sens qu'elle n'existe que dans la mesure où elle s'apparaît. Mais c'est précisément parce qu'elle est pure apparence, parce qu'elle est un vide total (puisque le monde entier est en dehors d'elle), c'est à cause de cette identité en elle de l'apparence et de l'existence qu'elle peut être considérée comme l'absolu.

© Éditions Gallimard,
1943, pp. 17-23.

VII

(note 43)

Sartre. *Esquisse d'une théorie phénoménologique des émotions.*

Pour mieux comprendre le sens de ce qui va suivre, il est nécessaire que le lecteur se rende présente l'essence de *conduite-irréfléchie.* On a trop tendance à croire que l'action est un passage constant de l'irréfléchi au réflexif, du monde à nous-même. Nous saisirions le problème (irré-flexion-conscience *du* monde) puis nous nous sai-sirions nous-même comme ayant le problème à résoudre (réflexion), à partir de cette réflexion nous concevrions une action en tant qu'elle doit être tenue *par nous* (réflexion) et nous redescen-drions ensuite dans le monde pour exécuter l'ac-tion (irréfléchie) en ne considérant plus que l'objet agi. Ensuite, toutes les difficultés nouvelles, tous les échecs partiels qui exigent un resserrement de l'adaptation nous renverraient sur le plan réfléchi. De là, un va-et-vient constant qui serait constitutif de l'action.

Or il est certain que nous pouvons réfléchir sur notre action. Mais une opération *sur* l'univers s'exécute le plus souvent sans que le sujet quitte le

plan irréfléchi. Par exemple, en ce moment, j'écris
mais je n'ai pas conscience d'écrire. Dira-t-on que
l'habitude m'a rendu inconscient des mouvements
que fait ma main en traçant les lettres ? Ce serait
absurde. J'ai peut-être l'habitude d'écrire, mais
non point celle d'écrire *tels* mots dans *tel* ordre.
D'une manière générale, il faut se méfier des expli-
cations par l'habitude. En réalité, l'acte d'écrire
n'est nullement inconscient, c'est une structure
actuelle de ma conscience. Seulement il n'est pas
conscient *de* lui-même. Écrire, c'est prendre une
conscience active *des mots* en tant qu'ils nais-
sent sous ma plume. Non pas des mots en tant
qu'ils sont écrits *par moi* : j'appréhende intuitive-
ment les mots en tant qu'ils ont cette qualité de
structure de sortir *ex nihilo* et cependant de n'être
pas créateurs d'eux-mêmes, d'être passivement
créés. Au moment même où j'en trace un, je ne
prends pas garde isolément à chacun des jambages
que ma main forme : je suis dans un état spécial
d'attente, l'attente créatrice, j'attends que le mot
— que je sais à l'avance — emprunte la main qui
écrit et les jambages qu'elle trace pour se réaliser.
Et certes, je ne suis pas conscient des mots de la
même façon que lorsque je lis ce qu'écrit une personne en regardant par-dessus son épaule. Mais
cela ne veut pas dire que je sois conscient de moi
comme écrivant. Les différences essentielles sont
celles-ci : d'abord mon appréhension intuitive de
ce qu'écrit mon voisin est du type « évidence probable ». Je saisis les mots que sa main trace bien
avant qu'elle les ait tracés complètement. Mais, au

moment même où, lisant « indép... » je saisis intui-
tivement « indépendant », le mot « indépendant »
se donne comme une réalité probable (à la manière
de la table ou de la chaise). Au contraire ma saisie
intuitive des mots que j'écris me les livre comme
certains. Il s'agit d'une certitude un peu particu-
lière : il n'est pas certain que le mot « certitude »
que je suis en train d'écrire va apparaître (je peux
être dérangé, changer d'idée, etc.), mais il est certain que s'il apparaît, il apparaîtra tel. Ainsi
l'action constitue une couche d'objets certains
dans un monde probable. Disons si l'on veut qu'ils
sont probables en tant qu'êtres réels futurs, mais
certains en tant que potentialités du monde. En
second lieu, les mots qu'écrit mon voisin n'exigent
rien, je les contemple dans leur ordre d'apparition
successifs, comme je regarderais une table ou un
porte-manteau. Au contraire, les mots que j'écris
sont des *exigences*. C'est la façon même dont je les
saisis à travers mon activité créatrice qui les constitue comme tels : ils apparaissent comme des
potentialités *devant être réalisées*. Non pas devant
être réalisées *par moi*. Le moi n'apparaît point ici.
Je sens simplement la traction qu'ils exercent. Je
sens objectivement leur exigence. Je les vois se
réaliser et en même temps réclamer de se réaliser davantage. Et je puis bien *penser* les mots que
trace mon voisin comme exigeants de lui leur
réalisation : je ne *sens* pas cette exigence. Au
contraire, l'exigence des mots que je trace est
directement présente, pesante et sentie. Ils tirent
et conduisent ma main. Mais non pas à la manière

de petits démons vivants et actifs qui la pousse-
raient et tireraient en effet : ils ont une exigence
passive. Quant à *ma main* j'en ai conscience, en ce
sens que je la vis directement comme l'instrument
par quoi les mots se réalisent. C'est un objet du
monde, mais il est en même temps présent et vécu.
Voici à présent que j'hésite : écrirai-je « donc » ou
« par conséquent » ? Cela n'implique nullement
un retour sur moi-même. Simplement les potentialités « donc » et « par conséquent » apparaissent — en temps que potentialités — et entrent en
conflit. Nous essaierons ailleurs de décrire en
détail le monde agi. Ce qui importe ici, c'est seulement de montrer que l'action comme conscience
spontanée irréfléchie constitue une certaine couche existentielle dans le monde et qu'il n'est pas
besoin d'être conscient de soi comme agissant pour
agir — bien au contraire. En un mot, une conduite
irréfléchie n'est pas une conduite inconsciente, elle
est consciente d'elle-même non-thétiquement, et sa
façon d'être thétiquement consciente d'elle-même
c'est de se transcender et de saisir sur le monde
comme une qualité de choses. Ainsi peut-on comprendre toutes ces exigences et ces tensions du
monde qui nous entoure, ainsi peut-on dresser
une carte « hodologique » de notre *umwelt*, carte
qui varie en fonction de nos actes et de nos besoins. Seulement dans l'action normale et adaptée,
les objets « à réaliser » apparaissent comme
devant être réalisés pa rde certaines voies. Les
moyens apparaissent eux-mêmes comme des
potentialités qui réclament l'existence. Cette appré-

hension du moyen comme l'unique chemin possible pour parvenir au but (ou s'il y a n moyens, comme les n moyens seuls possibles, etc.) on peut l'appeler l'intuition pragmatique du déterminisme du monde. De ce point de vue le monde qui nous entoure — ce que les Allemands appellent Umwelt — le monde de nos désirs, de nos besoins et de nos actes apparaît comme sillonné de chemins étroits et rigoureux qui conduisent à tel ou tel but déterminé, c'est-à-dire à l'apparition d'un objet créé.

Édition Hermann,
1963, pp. 40-42.

VIII

(note 77)

Sartre. *L'Être et le Néant.*

L'existence d'autrui. III-Husserl, Hegel, Heidegger.

Il semble que la philosophie du XIXᵉ et du XXᵉ
siècle ait compris qu'on ne pouvait échapper au
solipsisme si l'on envisageait d'abord moi-même
et autrui sous l'aspect de deux substances séparées : toute union de ces substances, en effet, doit
être tenue pour impossible. C'est pourquoi l'examen des théories modernes nous révèle un effort
pour saisir au sein même des consciences une
liaison fondamentale et transcendante à autrui qui
serait constitutive de chaque conscience dans son
surgissement même. Mais si l'on paraît abandonner le postulat de la négation externe, on conserve
sa conséquence essentielle, c'est-à-dire l'affirmation
que ma liaison fondamentale à autrui est réalisée
par la *connaissance.*

Lorsque Husserl, en effet, se préoccupe, dans
les *Méditations cartésiennes* et dans *Formale und
Transzendantale Logik*, de réfuter le solipsisme, il

croit y parvenir en montrant que le recours à autrui est condition indispensable de la constitution d'un monde. Sans entrer dans le détail de la doctrine, nous nous bornerons à indiquer son principal ressort : pour Husserl, le monde tel qu'il se révèle à la conscience est intermonadique. Autrui n'y est pas seulement présent comme telle apparition concrète et empirique, mais comme une condition permanente de son unité et de sa richesse. Que je considère dans la solitude ou en compagnie cette table ou cet arbre et ce pan de mur, autrui est toujours là comme une couche de significations constitutives qui appartiennent à l'objet même que je considère ; en bref, comme le véritable garant de son objectivité. Et comme notre moi psycho-physique est contemporain du monde, fait partie du monde et tombe avec le monde sous le coup de la réduction phénoménologique, autrui apparaît comme nécessaire à la constitution même de ce moi. Si je dois douter de l'existence de Pierre, mon ami, — ou des autres en général — en tant que cette existence est par principe en dehors de mon expérience, il faut que je doute aussi de mon être concret, de ma réalité empirique de professeur, ayant telle ou telle inclination, telles habitudes, tel caractère. Il n'y a pas de privilège pour *mon* moi : mon Ego empirique et l'Ego empirique d'autrui apparaissent en même temps dans le monde ; et la signification générale « autrui » est nécessaire à la constitution de l'un comme de l'autre de ces « ego ». Ainsi, chaque objet, loin d'être, comme pour Kant, constitué par une simple relation au sujet, apparaît dans mon expérience concrète comme polyvalent, il se donne originellement comme possédant des systèmes de références à une pluralité indéfinie de consciences ; c'est *sur* la table, *sur* le mur qu'autrui se découvre à moi, comme ce à quoi se réfère perpétuellement l'objet considéré, aussi bien qu'à l'occasion des apparitions concrètes de Pierre ou de Paul.

Certes, ces vues réalisent un progrès sur les doctrines classiques. Il est incontestable que la chose-ustensile renvoie dès sa découverte à une pluralité de Pour-soi. Nous aurons à y revenir. Il est certain aussi que la signification « autrui » ne peut venir de l'expérience, ni d'un raisonnement par analogie opéré à l'occasion de l'expérience : mais, bien au contraire, c'est à la lueur du concept d'*autrui* que l'expérience s'interprète. Est-ce à dire que le concept d'autrui est *a priori* ? Nous essaierons, par la suite, de le déterminer. Mais malgré ces incontestables avantages, la théorie de Husserl ne nous paraît pas sensiblement différente de celle de Kant. C'est que, en effet, si mon Ego empirique n'est pas plus sûr que celui d'autrui Husserl a conservé le sujet transcendantal, qui en est radicalement distinct et qui ressemble fort au sujet kantien. Or, ce qu'il faudrait montrer, ce n'est pas le parallélisme des « Ego » empiriques, qui ne fait de doute pour personne, c'est celui des sujets transcendantaux. C'est que, en effet, autrui n'est *jamais* ce personnage empirique qui se rencontre dans mon expérience : c'est le sujet transcendan-

tal auquel ce personnage renvoie par nature. Ainsi
le véritable problème est-il celui de la liaison des
sujets transcendantaux par-delà l'expérience. Si
l'on répond que, dès l'origine, le sujet transcendantal renvoie à d'autres sujets *pour la constitution*
de l'ensemble noématique, il est facile de répondre
qu'il y renvoie comme à des *significations*. Autrui
serait ici comme une catégorie supplémentaire qui
permettrait de constituer un monde, non comme
un être réel existant par-delà ce monde. Et sans
doute, la « catégorie » d'autrui implique, dans sa
signification même, un renvoi de l'autre côté du
monde à un sujet, mais ce renvoi ne saurait être
qu'hypothétique, il a la pure valeur d'un contenu
de concept unificateur ; il vaut dans et pour le
monde, ses droits se limitent au monde et autrui
est par nature hors du monde. Husserl s'est d'ailleurs ôté la possibilité même de comprendre ce
que peut signifier l'*être* extramondain d'autrui,
puisqu'il définit l'*être* comme la simple indication
d'une série infinie d'opérations à effectuer. On ne
saurait mieux mesurer l'être par la connaissance.
Or en admettant même que la connaissance en
général mesure l'être, l'être d'autrui se mesure
dans sa réalité par la connaissance qu'autrui prend
de lui-même, non par celle que j'en prends. Ce qui
est à atteindre par moi, c'est autrui, non en tant
que j'en prends connaissance, mais en tant qu'il
prend connaissance de soi, ce qui est impossible :
cela supposerait, en effet, l'identification en intériorité de moi-même à autrui. Nous retrouvons
donc ici cette distinction de principe entre autrui

et moi-même, qui ne vient pas de l'extériorité de nos corps, mais du simple fait que chacun de nous existe en intériorité et qu'une connaissance valable de l'intériorité ne peut se faire qu'en intériorité, ce qui interdit par principe toute *connaissance* d'autrui tel qu'il se connaît, c'est-à-dire tel qu'il est. Husserl l'a compris d'ailleurs, puisqu'il définit « autrui », tel qu'il se découvre à notre expérience concrète, comme une *absence*. Mais dans la philosophie de Husserl du moins, comment avoir une intuition pleine d'une absence ? Autrui est l'objet d'intentions vides, autrui se refuse par principe et fuit : la seule réalité qui demeure est donc celle de *mon* intention, autrui, c'est le noème vide qui correspond à ma visée vers autrui, dans la mesure où il paraît concrètement dans mon expérience ; c'est un ensemble d'opérations d'unification et de constitution de mon expérience, dans la mesure où il paraît comme un concept transcendantal. Husserl répond au solipsiste que l'existence d'autrui est aussi sûre que celle du monde — en comprenant dans le monde mon existence psychophysique ; mais le solipsiste ne dit pas autre chose : elle est aussi sûre, dira-t-il, mais pas plus. L'existence du monde est mesurée, ajoutera-t-il, par la connaissance que j'en prends ; il ne saurait en aller autrement pour celle d'autrui.

J'avais cru, autrefois, pouvoir échapper au solipsisme en refusant à Husserl l'existence de son « Ego » transcendantal. Il me semblait alors qu'il ne demeurait plus rien dans ma conscience qui fût privilégié par rapport à autrui, puisque je la vidais de son sujet. Mais, en fait, bien que je demeure persuadé que l'hypothèse d'un sujet transcendantal est inutile et néfaste, son abandon ne fait pas avancer d'un pas la question de l'existence d'autrui. Si même, en dehors de l'Ego empirique, il n'y avait *rien d'autre* que la conscience *de* cet Ego — c'est-à-dire un champ transcendantal sans sujet — il n'en demeurerait pas moins que mon affirmation d'autrui postule et réclame l'existence par-delà le monde d'un semblable champ transcendantal ; et, par suite, la seule façon d'échapper au solipsisme serait, ici encore, de prouver que ma conscience transcendantale, dans son être même, est affectée par l'existence extra-mondaine d'autres consciences du même type. Ainsi, pour avoir réduit l'être à une série de significations, la seule liaison que Husserl a pu établir entre mon être et celui d'autrui est celle de la *connaissance* ; il ne saurait donc, pas plus que Kant, échapper au solipsisme.

TABLE DES MATIÈRES

APPENDICES :